社交与礼仪

言谈得体并正确处理各种人际关系

端木自在◎著

江西美术出版社
JIANGXI FINE ARTS PUBLISHING HOUSE

图书在版编目（CIP）数据

社交与礼仪 / 端木自在著 . -- 南昌：江西美术出版社，2017.5（2019.5 重印）
ISBN 978-7-5480-3775-0

Ⅰ . ①社… Ⅱ . ①端… Ⅲ . ①社交礼仪－通俗读物 Ⅳ . ① C912.12-49

中国版本图书馆 CIP 数据核字（2017）第 033475 号

出 品 人：周建森
企　　划：北京江美长风文化传播有限公司
策　　划：北京兴盛乐书刊发行有限责任公司
责任编辑：王国栋　楚天顺　李小勇
版式设计：曹　敏
责任印制：谭　勋

社交与礼仪

作　　者：端木自在

出　　版：江西美术出版社
社　　址：南昌市子安路 66 号江美大厦
网　　址：http：//www.jxfinearts.com
电子信箱：jxms@jxfinearts.com
电　　话：010-82093808　　0791-86566124
邮　　编：330025
经　　销：全国新华书店
印　　刷：保定市西城胶印有限公司
版　　次：2017 年 5 月第 1 版
印　　次：2019 年 5 月第 4 次印刷
开　　本：880mm × 1280mm　1/32
印　　张：7
I S B N：978-7-5480-3775-0
定　　价：26.80 元

前　言

Preface

每个人都想成为受欢迎的人。当我们开始谈论各类礼仪问题时，越来越多的人开始渴望了解自己该做什么，何时做，以及怎样做的问题。

礼仪能教给你如何保护他人的自尊、尊重他人的感受，如何让人觉得舒服，如何为他人带来快乐。

每个人都想获得优雅美誉。优雅是一个人内在修养的流露，是不经意间的举手投足，是恰到好处的尊重与自信。只有得体的礼仪才会让你散发出优雅的气质。很多人仍然在为创造更好的生活而努力，他们在行为举止上表现得更为优雅。而更多的人则是对社交礼仪感到好奇：在特定环境下，如何做才正确？处理一些从未遇到过的情况时，怎样做才得体?

良好的礼仪可以更好地向对方展示自己的长处和优势，它往往决定了机会是否降临。一个人讲究礼仪，就会在人前树立良好的个人形象，获得对方的好感、信任，进而推动事业的发展。对于企业来说，礼仪是企业价值观念、道德理念、员工整体素质的体现，是企业文化的重要标志。事实证明，一个具有良好信誉和形象的企业，更容易获得社会各方的信任和支持，从而在激烈的市场竞争中处于不败之地。

“礼多人不怪。”为人处世、说话办事，多掌握些社交与礼仪知识，懂礼、知礼、行礼，不仅不会被别人厌烦，相反还会使别人尊敬你、认同你、亲近你，无形之中拉近你同他人的距离，也为日后合作创造出宽松的环境。

从容淡定、宠辱不惊、成竹在胸，是成功人士共有的人格魅力和典型特征。他们有责任、有担当，举止有仪，仪表堂堂，举手投足间时时透露出丰富的人文情怀和品位修养。真正的上等人，就是你永远都愿意和他在一起的人。如果你也想成为这样的人，那么，本书会助你一臂之力。

这本《社交与礼仪》着重介绍社交活动中人们应遵循与注意的礼仪细节，具有很强的系统性和实用性。书中除了介绍在社交时如何培养个人魅力，还详细介绍了人们在社交活动中应了解和掌握的基本形象礼仪、沟通礼仪、交际礼仪、职场礼仪、涉外礼仪等。内容涵盖了包括与人交往、举止气质、形象仪表、赠送礼品的礼仪；使用电话、信件、微信、QQ以及电子邮件沟通的通联礼仪；日常生活、职场社交、招待客户、商务赴宴、参加舞会的相关礼仪；外出礼仪；与外国人交往的礼仪；应对突发事件礼仪，等等，社会生活的方方面面。言简意赅，通俗易懂。

本书将引导你如何拥有自信而恰当的行为，并能正确地处理工作、生活，礼尚往来，商业活动以及人际关系等各种关系，从而更好地适应这个世界。

本书中所强调的礼仪，更是一种爱与关怀。因为礼仪的最高境界是来自内心对他人的关怀。书中为你揭示了让男人运筹帷幄、举止从容，让女人优雅迷人、落落大方的礼仪细节，并配以与日常工作、生活密切相关的礼仪实例。只要加以灵活地掌握和运用，就能让你的举止流露出更多的自信，让你的形象更加得体。

这是一本让你的人生走向成功不可或缺的礼仪圣经。希望大家读过后，成为一个受欢迎的人，在交际圈子里人见人爱。

目　录

Contents

第一章

只有一次机会：让人一下子记住你

人生之中会有很多机会，聪明的人善于把握任何一次稍纵即逝的机会。如果机会来临而你却无力抓住，那将是人生中最遗憾的事。读万卷书却不如行万里路，阅人无数却不如初次见面就被记住。聪明的人看得懂，精明的人看得准，高明的人看得远。人生中的很多机会都只有一次，人与人之间的初次交往是达成日后一切可能的基础。

初次见面，投去你会心的一笑

有这样一则故事：一个独居的女人听到敲门声后打开门，她发现一个男人拿着刀正恶狠狠地盯着自己。她忽然灵机一动，微微一笑说："朋友，你可真幽默，你是来推销菜刀吧？我很喜欢，我要一把……"她边说边把男人让进屋，接着说道："你很像我以前的一位好心的邻居，看到你感到非常亲切，你要喝咖啡还是喝茶？"本来一脸杀气的歹徒听了女人这番话，慢慢变得柔和起来。他有点腼腆地说："谢谢，哦，谢谢！"

最后，女人果真买下了那把明晃晃的菜刀，那个男人拿着钱迟疑了打算走了，转身的时候他说："小姐，你将改变我的一生！"

听完这个故事，我们不禁会心地一笑，是的，这就是微笑的力量。微笑就是有这样神奇的力量，不仅能瞬间缩短彼此的距离，更能使人与人之间充满信任与感激。他能穿越时空，直抵心灵。

中央电视台曾经做了一期关于面对陌生人微笑的节目，节目给了我们很大的启示。主持人始终是面带微笑地面对每一个来来往往的过路人。看陌生人对她面带微笑的不同反映。我们能感受到了她那发自内心的微笑，是那般迷人，那般甜美，那般让人心动，没什么理由不向她微笑。向陌生人投去会心的一笑，陌生人一开始没什么反应，当她向第五位大妈微笑时，大妈向她回了一个微笑，大妈的微笑也是发自内心的，是真诚的微笑。又走过来一位优雅的女士，看到主持人真心的微笑时愉快地回应着甜美的微笑。当主持人面对农民朋友微笑时立刻得到了微笑回报。

大家的微笑都是发自内心的，是一种无声交流。微笑连接起了陌生人心与心的交流，因此，微笑是最能打动人的。

卡耐基说："笑容能照亮所有看到它的人，像穿过乌云的太阳，带给人们温暖。"

一个刚刚学会保持微笑的年轻人说："当我开始坚持对同事微笑时，起初大家非常迷惑、惊异，后来就是欣喜、赞许，两个月来，我得到的快乐比过去一年中得到的满足感与成就感还要多。现在，我已养成了微笑的习惯，而且我发现人人都对我微笑，过去冷若冰霜的人，现在也热情友好起来。"

面对陌生人时，有时我们甚至什么都不用做，只是对着他微笑，就能在瞬间缩短你和他（她）之间的距离。微笑是有自信心的表现，是对自己的魅力和能力抱有积极的态度。微笑可以表现出温馨、亲切的表情，能给对方留下美好的心理感受，从而形成融洽的交往氛围。面对不同的场合、不同的情况，如果能用微笑来接纳对方，可以反映出你良好的修养和挚诚的胸怀。

发自内心的微笑，会自然调动人的五官：眼睛略眯起、有神，眉毛上扬并稍弯，鼻翼张开，脸肌收拢，嘴角上翘，唇不露齿，做到眼到、眉到、鼻到、肌到、嘴到，才会亲切可人，打动人心。微笑在于它是含笑于面部，"含"给人以回味、深刻、包容感。

在经济学家眼里，微笑是一笔巨大的财富；在心理学家眼里，微笑是最能说服人的心理武器；在服务行业，微笑是服务人员最正宗的脸谱……

原一平25岁当实习推销员时，身高1.45米，又小又瘦，横看竖看，实在缺乏吸引力，可以说是先天不足。然而，就是这样一个人却成为日本保险业连续15年全国业绩第一的“推销之神”。原一平成功的秘诀在哪里呢？是他那“值百万美金的微笑”。

用微笑来打通陌生人之间的隔阂，是原一平用自己的亲身体会总结出来的制胜法宝。他在推销的过程中发现，笑容是给对方传达爱意的捷径；笑具有传染性，笑容可以引起对方笑并使对方愉快；可以轻易地消除二人之间的陌生感甚至隔阂，使对方心扉大开；笑容是建立信赖关系的第一步，它会创造出心灵之友；笑容可以激发工作热情，创造工作成绩；笑容可以消除自己的自卑感，弥补自己的不足；如能将各种笑容拥为己有，了如指掌，就能洞察对方的心灵；笑容能增进健康，增强活动能力。

并且，原一平认为，婴儿般天真无邪的笑容最具魅力。于是，他就花费了很长时间练习笑，直到他在镜中看到自己的笑容与婴儿的相差不多时才罢休。当他带着这样的微笑再去推销保险时，没有一个人拒绝他。

保持一个微笑的表情、谦和的面孔，是表示自己真诚、守礼的重要途径，更是有效沟通的桥梁，是人际关系的磁石。

我们也可以像原一平一样，可以通过训练有意识地改变自己：

首先，放松面部肌肉，然后使嘴角微微向上翘起，让嘴唇略呈弧形。最后，在不牵动鼻子、不发出笑声、不露出牙齿，尤其是不露出牙龈的前提下，轻轻一笑。

其次，对着镜子练习。使眉、眼、面部肌肉、口形在笑时和谐统一。

再次，闭上眼睛，调动感情，并发挥想象力，或回忆美好的过去或展望美好的未来，使微笑源自内心，有感而发。

最后，按照要求当众练习，使微笑规范、自然、大方，克服羞涩和胆怯的心理。也可以请观众评议后再对不足进行纠正。

【社交礼仪全知道】

微笑不花费什么，却可以赢得一切。我们可以用这世界上最简单、最美丽的语言赢得客人的信任，给工作注入活力，给同伴带来欢乐……

说好开场白，一开口让人喜欢你

当我们与陌生人接触时，首先是仪表给人留下的第一印象，接着就是你开口说出的话。虽只寥寥数语，却可能决定着对方是否愿意与你继续交谈下去。因此，如何说好开场白，至关重要。

著名口才大师卡耐基说：“即使你喜欢吃香蕉、三明治，但是你不能用这些东西去钓鱼，因为鱼并不喜欢它们。你想钓到鱼，必须下鱼饵才行。”

每个人都有自己的兴趣爱好，别人与我们交谈时如果说的是我们感兴趣的话题，那么，我们就会很高兴，觉得对方是一个善解人意的人，因此，我们会很乐意与对方继续交谈下去。

所以，我们在与陌生人交谈时，先摸清对方对什么东西感兴趣，然后我们再跟对方多说一些这方面的事情。

聪明的人在结交陌生人的时候，懂得迎合对方的喜好，这样能让对方感觉到受重视、受尊重。当然，这个“迎”，一定要迎合得巧妙，不能让对方看出任何破绽。

所有交谈的一个基本而浅显的原则，是我们应该谈一些听着有兴趣而且乐意听的事。因此，不要将他们自己的不幸、疾病和其他不愉快的事，作为谈话的主题。不要夸张你自己的问题，因为，你的听众也有他们自己的问题，不会以听你的问题为乐事。只有你最亲密的人，才关心你在手术室里躺过多少次，受了多少罪。

机智非凡的人，常常容易树敌。敏锐的机智虽然能使人兴奋，但也会给人一种不可靠的感觉，再者，偶尔一句俏皮话也可以给在座的朋友带来乐趣，但切勿太多，以免造成华而不实之感。

如果实在没有话题，“宁可让你的嘴巴闭着，而被人认为是一个傻瓜，也不要开口而让人看出你的全部底细”。你不知道的事一定不要装内行，比你内行的人很多。

最重要的是不要滔滔不绝口若悬河，适当地停下来想一想你说的话，这是最重要的规则。如果你停下来了，便不会不停地乱说；如果你想一想，你会发现一个话题，和一个表达话题的方法，这会使你邻近的人感到兴奋，而非厌倦。

记住几项原则：

1. 不要因说话太多而失之轻率。谈话，正如大多数的事情一样，“中庸之道”是最好的办法。你既不要太沉默，也不要太口齿伶俐。要知道何时听别人的讲话，也要知道何时是你接下去讲话的时候。

2. 不要重复你说过的话。很多事情在简述及初次说时，听来趣味盎然，可是说得太久，便没有什么令人感兴趣的地方了。

3. 当有人跟你讲话时，千万不要问“你刚才说些什么”。这是很不为人着想的行为。记住，有人聆听是人生的至乐。满脸兴奋，全神贯注地看着你，好像渴望听你告诉他新闻或沉醉于你的谈话的人，无疑是最深谙交谈艺术的人。

【社交礼仪全知道】

第一次见面，最好谈一些大家都能接受的话题。千万不要问别人的隐私，比如结婚了吗？家住哪里？以免招致对方反感，以为你是另有所图。

真诚握手，传递手心里的温柔

握手，是人们在交际场合中常见的礼仪。在日常生活中，握手也是一种经常使用的礼节方式，不仅常用在人们见面和告辞时，更可作为一种祝贺、感谢或相互鼓励的表示。它看似简单，却是与陌生人进行沟通、交流、增进关系的重要手段。

玛丽·凯化妆品公司创始人玛丽在当推销员时，有一次，销售经理召集他们开会。会议结束时，大家都希望同经理握握手。

玛丽也非常崇拜这位经理，但由于想跟经理握手的人太多了，玛丽排队等了3个小时，才轮到她与经理见面。

然而，让玛丽失望的是，经理在同她握手时，根本就没有正眼看玛丽一眼，只是去看她身后的队伍还有多长。玛丽看得出经理有一点累。可是，自己也等了3个小时，同样很累呀！自尊心受到了伤害的玛丽暗下决心：如果有那么一天有人排队等着同自己握手，自己一定要将注意力全都集中在对方身上——不管自己多累！

后来，玛丽成立了自己的公司，名气也逐渐大了。不过她多次站在队伍的尽头同数百人握手，常常持续好几个小时。无论多累，她总是牢记当年自己排那么长的队等着同那位销售经理握手时所受到的冷遇。如有可能，总设法同对方说点亲热话——也许只是一句，如“你的发型很漂亮”，或“你穿的衣服很时尚”。她在同每一个人握手时，总是全神贯注，不允许任何事情分散了自己的注意力。

这样握手，使数百人都觉得自己是世界上最重要的。她的公司就这样成为他们心中全世界最重要的公司。

一项新的研究再次支持了关于握手的一贯看法，即一次有力的握手不论对男人或女人来说都有利于给别人留下深刻印象。研究人员发现，良好的初次印象确实与握手时的各种特点，如力量、激情、持续时间、目光交会和紧握程度等有实质性联系。

和说一百句话相比较，用力握手一次，更能一口气拉近彼此的亲密度。它可以发挥缩短与对方相隔距离的最大效果。

正因为如此，国外政治家于选举期间会大量外出与选民握手。比起聆听冗长而千篇一律的演说，选民通常会将神圣的一票投给会和自己握过手的候选人。这种借由亲肤关系的沟通方式，比起利用语言的沟通方式更具影响力。

握手不光是一种礼节。当两只不同的手碰在一起，手指稍弯，即握在一起时，它会将感情迅速地传递给对方。

有一年的圣诞节前夜，美国的一个珠宝店快打烊的时候，从外面进来了一个30多岁的男子，穿着一套起皱的西装，领带也没有系。他在珠宝店里转悠，一副心不在焉的样子。终于，他的目光定格在一条镶有七颗钻石的手链上，要求店员把手链拿给他看一看。店员是个姑娘，她迟疑了一下，还是按他的请求拿出了手链，递给他。

在观看了一会儿后，男子把手链还给了姑娘，忙着往外走。姑娘小心翼翼地将手链放回原处。突然，她看见手链上的钻石只剩下了六颗。她紧走了几步，在珠宝店门口追上了男子，伸出右手微笑着说：“先生，祝您圣诞快乐！”

男子稍微迟疑了一下，也伸出了右手，握住了她的手，笑着说：“谢谢！”说完，转身走出门外。这时姑娘感觉右手心多了个硬硬的小东西，一看竟然是那颗钻石。

故事到这里还没有结束。十年后的一个圣诞节前夜，还是在这家珠宝店里，一位40多岁的富商握住了珠宝店女老板的手：“谢谢你，是你给了我自尊，给了我生存的智慧！”这个富商，就是十年前的那个男子。而珠宝店女老板，就是当年的店员。

至此，我们应该明白，面对一个陌生人，当你热情地握住他的手的时候，你和他之间已经开始了一段激动人心的交往旅程。你内心的情感此时在通过掌心的温度加以传递。

不过，握手看似简单，但也要注意一些礼仪。首先，握手的姿势要优雅，上身应稍稍往前倾，两足立正，伸出右手，距离对方约一步；四指并拢，拇指张开。与对方太远或太近都是不雅观的，尤其不要将对方的手拉近自己的身体区域内，这很容易造成对方的误解。

握手时必须上下摆动三至七下，而不能左右摇动。当遇到比较熟悉的人或深交时，为达到某种情感的效果，可以伸出双手行握手礼。

其次，一般情况下，握手时要用右手，这是一项不成文的规定，伸左手显得不礼貌。

伸出的手应垂直，如果掌心向下握住对方的手，则显示一个人强烈的支配欲，这是无声地告诉别人，你此时处于高人一等的地位，应尽量避免这种傲慢无礼的握手方式；相反，掌心向上同他人握手，则显示一个人的谦卑与毕恭毕敬。

如果是伸出双手来接，就更是热情与恭敬的表现。平等而自然的握手姿态是两人的手掌都处于垂直状态，这是最普通也是最常用的握手方式。

最后，初次见面握手时间不宜过长，以三秒钟为宜。切忌握住异性的手久久不松开，与同性握手的时间也不宜过长，以免对方误解。

【社交礼仪全知道】

握手时的力度要适当，可握得稍紧些，以示热情，但不可太用力。男士握女士的手应轻一些，不宜握满全手，只握其手指部位即可。

介绍别人，在引荐中推销自己

跟陌生人结交，我们可以从自我介绍开始。可以说，自我介绍是最正式、最庄重、最容易被别人记住的方式。

自我介绍是向别人展示自己的一个重要手段，自我介绍好不好，甚至直接关系到你给别人的第一印象的好坏及以后交往是否顺利。同时，自我介绍也是认识自我的手段。古人云：“知人者智，知己者明”“旁观者清，当局者迷”。可见，要想认识自我，给自己一个准确的定位不是一件容易的事情，而通过自我介绍，会对自己进行一个有意识的梳理。

著名作家张恨水有一次应邀到成都大学做演讲，他是这样开头的：今天，我这个“鸳鸯蝴蝶派”作家到大学里演讲，感到很荣幸，我取名“恨水”不是什么情场失意，我取名“恨水”是因为我喜欢南唐后主李煜的一首词《乌夜啼》：“林花谢了春红，太匆匆!无奈朝来寒雨晚来风，胭脂泪，留人醉，几时重？自是人生长恨水长东!”我喜欢这首词有“恨水”二字，我就用它作为笔名了。

面对陌生的学子，张恨水以解释自己的名字为开场白，短短的几句话既澄清了听众心中的迷雾，也使这些青年学生为大作家的纯朴、坦率而折服，“张恨水”这三个字可能会一辈子印在他们的脑海里，真可谓一举两得。

在交际活动中，想要结识某人或某些人，而又无人引见，此时自我介绍就是最好的方式了。自我介绍的内容，可根据实际的需要、所处的场合而定，要有鲜明的针对性。

一次非正式聚会中，有两位初出茅庐的大学毕业生，他们都想结交举办此次聚会的主人张先生。张先生是一个商业奇才，不到十年时间就已经把自己的业务拓展到欧洲去了。

男生A这样介绍自己：“您好，我叫某某，今年刚毕业，正在找工作。”张先生当时有点愣，头一次听人这么介绍自己，只好接话说：“是吗？那加油啊，祝你早日找到满意的工作。”

其实，A的自我介绍有些不得要领。首先，张先生和他完全不熟，在对他的性格和特长一无所知的情况下，A传达给张先生一个他正在找工作的信息，属于无效信号。自我介绍尽管只是简短的一两句话，但吸引别人的也许正是开篇的某个亮点。

就这点而言，女生B做得更好一些。她介绍自己的方式是拉近距离形成对比：“你好，听说您是一位商业奇才。”张先生赶紧说：“哪里算奇才，只是别人抬举罢了。”她笑吟吟地说：“我对做生意也很有兴趣，不过我更喜欢电子商务，我是一个商业学院刚毕业的学生。”

张先生对电子商务很有兴趣，这样他们就以电子商务为话题聊了起来。

在交际活动中，如希望新结识的对象记住自己，做进一步沟通与交往，自我介绍时除姓名、单位、职务外，还可提及与对方某些熟人的关系或与对方相同的兴趣爱好，如“我叫谭兆英，是高乐音像出版社的财务主管，我与您夫人是同学”“我是李海星，是新兴文化公司经理，我和您一样也是个球迷”。

进行自我介绍，要简洁、清晰，充满自信，态度要自然、亲切、随和，语速要不快不慢，目光正视对方。在交际场合或工作联系时，自我介绍应选择适当的时间，当对方无兴趣、无要求、心情不好，或正在休息、用餐、忙于处理事务时，切忌去打扰，以免尴尬。

在某些公共场所和一般性交际场合，自己并无与对方深入交往的愿望，做自我介绍只是向对方表明自己身份。这样的情况下只需介绍自己的姓名，如“您好，我叫许明君”“我是江佑林”。有时，也可对自己姓名的写法做些解释，如“我叫陈宇华，耳东陈，宇宙的宇，中华的华”，以加深别人对自己的印象。如果因公务、工作需要与人交往，自我介绍应包括姓名、单位和职务，无职务可介绍从事的具体工作，如“我叫陈昌礼，是大华公司的销售经理”“我叫蔡建新，在中海公司从事财务工作”。

在某些情况下，我们要向对方介绍自己，对方不一定会接受我们，而要做一些事来让对方欣赏，却又苦于找不到适当的机会。这时我们也可采取迂回的技巧，让对方在不知不觉中认识我们、接纳我们。如“我认识一个人（我们自己），他能帮助你……”“我知道有一个人的想法与你一样……”等等。

如果你不经常出入交际场合，每隔一两个月才有机会认识一位新朋友，那你应该会记住他的名字。可如果你属于“觥筹交错”的半上流一族，热衷于参加各类聚会拓展人脉，那么，记住别人是一门功课，让别人记住你则是一门技巧。

要想在很短的时间内结交陌生人，就需要我们能够把双方的交谈持续地进行下去。交友成功的机会有多大，很大程度上取决于你的谈话能力。能力强的人能把对方牢牢地吸引住，话说得让人觉得舒服。能力不强的人，会把交谈的过程变得索然无味，把本来想与我们结交的人赶走。

【社交礼仪全知道】

日久见人心。有的人初次相识就很走心，或许这只是一种假象，只是其伪装得好。人与人的交往是靠时间累积的情感，时间是最好的考验。要想交到高人、良人，你要有足够的耐心。

交换名片，举手投足符合身份

在交际无处不在的社会，名片是人们与陌生人结交并决定日后是否联系的重要途径之一。当你已经跟一个陌生人微笑、点头致意、热情地握手后，递上自己的精美名片就是水到渠成的事了。名片就像一个人的履历表，递送名片的同时，也是在告诉对方自己的身份、住在何处及如何联络。由此可知，名片是每个人最重要的书面介绍材料。

王立大学刚毕业，就在一个小贸易公司做市场推广。有一次，他去参加一个宣传会，那个宣传会场面很大，有很多人，但是大家多数彼此不认识。

在王立刚好坐下的时候，一个人过来了。微笑着点了一下头，然后掏出了自己的名片递给了王立，说是想认识一下并交换名片。

王立并不认识他，自然谈不上和他打招呼了，只是礼节性地把自己的名片跟他做了交换。之后，王志刚发现，那个人几乎和每个人都交换了名片，而且很礼貌地表示“多联系”。

转了一圈之后，那个人又来到了王立面前，笑了笑说：“您是不是觉得我的做法有点唐突？其实我是个新加坡人，来中国时间不长，需要了解更多的人，也需要更多的人了解我。作为一个商务人士，我必须适时地推销自己，而这样的场合，恰恰是最好的机会，因为这里的商务人士比较多，我想我这么做，肯定能让大家记得我。”

宣传会结束后，王立也认识了几个人，说起那个新加坡人的时候，大家都表示能记住这个人，而且印象特别好。这时另一个人说了一句话：“他的名片在适合的地方、适合的时间发挥了最好的作用，因为大家没有反感地记住了他，其实他已经在悄然中把自己推销了出去。”

使用名片介绍自己的时候比较方便，尤其是职务；使用名片给人的印象深刻，不怕因工作忙、事务多而忘了对方，随时可以进行通信，还能起到不断介绍、推销自己的作用。

从这件事上，我们可以学到很多东西，名片在与陌生人的沟通中起着很大的作用；掌握交换名片的规则很重要。精美的名片使人印象深刻，但发送名片的时机与场合可是一门学问。

若想适时地发送名片，使对方接受并收到最好的效果，必须注意下列事项：

1. 印制名片

为交际所需印制的名片，自己的职务不应夸大。名片的底色最好是白色或者清淡之色为主；最好是在自己的名片上印个图标来装饰名片，否则登不了大雅之堂；为了突出名片上的某些内容，可以适当配色，起到装饰的作用；名片上最好不要印产品的图片，以免给人造成街头小广告的错觉；对于经常与外国人交往的名片最好不要一面英文一面中文。最好印一款中文名片，供国内客户交换使用；再印一款英文名片，供与外国客户交换使用。

2. 放置名片

名片应统一置于名片夹、公文包或上衣口袋内，在办公室时还可放于名片架或办公桌内，切不可随便放在钱包、裤袋里。放置名片的位置要固定。名片夹由于要长久使用，所以尽可能买个质地好的。

3. 交换名片

发送名片一般应选择初识之际或分别之时，不要在用餐、戏剧、跳舞时发送名片。奉上名片时态度要谦恭，要起身站立主动走向对方，面含微笑，身体前倾15度左右，双手持握名片，举至胸前，并将名片正面面向对方，同时说声"这是我的名片，以后多联系（或请多关照）"等礼节性用语。千万不要用左手持握名片。

接受他人名片时，不论有多忙，包括端茶倒水都要暂时放下手中的事情，并起身站立相迎，面含微笑，双手接过名片。至少也要用右手，而不能使用左手接名片。接过名片后，先向对方致谢，然后至少要用半分钟的时间将其从头至尾默读一遍，遇有显示对方荣耀的职务、头衔时，不妨轻读出声，以示尊重和敬佩。如果对方的职务比较低微，则不要大声念出来。

接过别人的名片后切不可随意摆弄或扔在桌子上，也不要随便地塞在口袋里或丢在包里，而应将其谨慎地置于名片夹、公文包、办公桌或上衣口袋之内，还要与本人名片分开放置。

4. 索要名片

对于陌生人，想主动结识对方时，可以向对方索要名片。第一是互换法。可在递上名片时表明此意：“可不可以与您交换一下名片？”第二是暗示法。例如，向尊长索要名片时可说：“请问今后如何向您请教？”向平辈或晚辈表达此意时可说：“请问今后怎样与您联系？”

【社交礼仪全知道】

要养成经常翻看名片的习惯，工作的间隙，翻一下你的名片档案，给对方打一个问候的电话，发一个祝福的短信等，让对方感觉到你的存在和对他的关心与尊重。

若即若离，交际中的最佳距离

现今是市场经济社会，似乎每个人都有不同程度的压力感，人与人之间的关系也变得微妙而敏感。怎样才能与别人保持恰到好处的距离，而又能够时常联络呢？最好的方法就是若即若离，不远不近。

按中国人的传统心态来看，交际不应该有目标，应该“以情会友，别无所求”，应该奉行一种无为哲学。谁要是在交往中注重了交往对象的使用价值，然后想方设法接近他、利用他，就会被认为“太势利”。

根据现代社会的交际观念，交际有三个基本目标：我们不能只强调信息共享、情感沟通而拒绝相求相助；我们不能把相求相助都当成“势利”来看待。为了相求相助而交际，这不是“势利”，这是人类有别于其他动物的一种社会性行为。

我们不妨设想，有这么一个人，他既不能与你信息共享、情感沟通，也不能与你相求相助，你会与他交朋友吗？恐怕不会。可见，人际交往还是有选择的，选择就是一种目标的体现。

那么如何保持恰当的距离而不被人忘记呢？下面介绍几点维持人际关系的诀窍。

在我们与人的交往中，利用电话、写信（电子邮件）、节日贺卡、生日聚会等是最常见的人脉维系方式。但维系人脉和保持互动，除了这些形式上的问候与聚会之外，还需要良好的记忆力、沟通技巧和创意。

1. 记忆

在记忆力方面，应该努力记住和朋友上次聚会或交谈时的内容，以及关心对方目前的发展状况。每次有机会和朋友聊天时，要专心倾听并记住对方的近况，其中大致可以分为公事、私事两个方面。

2.公事

有关朋友的工作与发展情况，在这个部分，有必要尽量记住几个关键：

（1）公司名称与基本产品、职务称谓、工作内容及薪酬福利。

（2）部门之间人事相处情况和他的个人感觉。

（3）朋友对这个产业的了解和想法。

3.私事

有关朋友的家庭、感情生活、共同朋友的状况：

（1）朋友与其父母、兄弟姐妹的情况。

（2）目前的感情生活。

（3）了解他目前或近期个人的发展计划。

4.沟通

在应用方式上，尽量挑选对方感兴趣的话题，作为下一次沟通时的衔接题材。

在沟通方式上，用问的方法比较能表现主动关心对方的感觉，比方说：

“上次看你工作压力很大，精神很不好，现在好多了吧？”

“那个找你麻烦的主管，最近对你怎么样？”

“你上次穿的那件衣服看起来好有气质，你到底在哪里买的？我一直没找到。”

“你父亲的糖尿病好多了吗？”

但是有些问题则需要稍微避讳一下，比方说私人感情、某些实现起来有困难的目标、工作上的升迁或工资奖金的数额等。这些问题在无法确定对方是否乐于回答时，尽量不要开口问。因为像这些问题，常会引起一些争执、意见分歧，使对方讳莫如深。因此，最好是由对方主动向你说明。

如果对方在上次聚会时，曾经发誓、诅咒某个宣言或话题，也要尽可能避免询问，因为如果对方真的做到了，他一定会直接告诉你，和你分享他的成功与兴奋。如果对方没做到，你这就是"哪壶不开提哪壶"，揭人短处自讨没趣。至于工作方面较敏感的工资收入和职务变动也一样，最好都让对方主动去提及。

这些看似复杂的小动作，其实只要多留心观察，多一点记忆就能够做到，但对于并不愿常与朋友互动，或是无法定期聚会的人来说，却是维系人脉的关键。

5.创意方法

在维系人脉间的互动上，如果能运用一些颇具创意的方法，一定能收到非常棒的效果。

比方说，自己亲手做一些小手工艺品，当作送给朋友生日或升职的贺礼。这样不但省钱，而且也表现自己的一片心意和独特的创意。像目前流行的串珠、中国结或环保艺术品、编织的幸运带或是自己捏出并烧制的陶艺品、剪纸、卡通画，甚至可以做一张友情网页、写首诗等，都是不错的创意礼物。

【社交礼仪全知道】

在平时的互动上，利用手机、小灵通及网络等现代通信技术也可以做到。最常用的方法是将和朋友工作有关的市场资料、产业分析、学术报告、演讲信息、最近看过的好书或节目，尽量用电子邮件、电话、短信、信件或传真等方式通知朋友。

交际小窍门：怎样为再见埋下伏笔

这里的“再见”有两种情况：一种是下次还见；一种是再也不见。一般来讲，初次见面结束后，就意味着分手。如果你还想继续联系此人，那就要做个有心人了，否则很可能你们再也没有机会联络，更别说合作。

如果你还想见到此人，那么就要在分开后的恰当时间段发个短信或微信，方便的话打个电话，问对方是否安全到家，以示关心。此后，节假日里别断了礼节性的问候。如果你不想再联系此人，如果对方不联系你，你就保持沉默。如果联系你，那就不冷不热，逐渐疏远。

第二章

微笑社交：跟任何人都能聊得来

在任何时候、任何场合，微笑都是拉近人与人之间距离的最有力法宝。如果你掌握了必备的说话技巧，把话说得恰到好处，你就能跟任何人都聊得来。如果你能做到跟任何人都聊得来，那么，成功指日可待。

怎么说，比说什么更重要

无论生活中还是网络里，时常有人会说：不知说什么。这似乎是个很难解决的问题。你越是觉得不知说什么，越是觉得自己无话可说。其实，说什么并不重要，重要的是你怎么说。

打开话题的方式有很多，人与人之间交流的开始除了眼神就是言语。给对方一抹温馨的笑意，一声贴心的问候，都能很快拉近彼此的距离。关怀是良药，关怀、请教、投其所好，这样说最有效。

现代社会人们物质生活日益丰裕，但“鸡犬之声相闻，老死不相往来”也并非天方夜谭。生活在同一栋楼里的人常常不知自己对面的住家姓甚名谁。在走廊、过道中邻居们相遇也是漠然而过，谁也不愿用真诚的问候抢先招呼对方，许多人对这种人情的淡漠似乎已经习惯。

其实，只要说出一句问候的话，你就会发现，别人与你一样正渴望捅破这一层妨碍友情的纸。大方而主动地伸出友情的手，你面对的将是善意的笑脸。

我们与陌生人之间也是这种情况。想结交陌生人，我们最应该做到的就是主动热情。无疑，向对方致以真诚的问候，就能消除对方的陌生感，会让对方感到亲切。搞不懂的问题向对方请教，或者如果见对方拿着一本书，完全可以投其所好，将话题引起。

小肖是一个业务员，一年中有2/3的时间都在外面跑，于是，汽车、火车等交通工具就成了他的第二个家。

以前，小肖一坐上车就眯起眼睛打盹，或者买一份报纸、一本杂志自己埋头看。时间长了以后，自己也感觉很无聊。向四周看看，又都是陌生人，他也鼓不起与他们交谈的勇气。

一次偶然，小肖看了一本关于人际交往的书，这才明白，其实陌生人并不可怕，只要真心结交，他们都会成为朋友的。明白了这些，小肖的心豁然开朗。

以后再出差，小肖都经常主动同周围的人打招呼。“您好，您也是回家探亲吧。”或者说：“您好，是不是坐车很累啊？”于是原本陌生的人聊了起来。每次坐车都能认识几个朋友，分手时互相留下电话，像老朋友一样亲切，几十个小时的旅途也过得非常愉快。

问候的话，是交际中双方最初见面时都会用到的应酬语，它就像是一首优美乐曲的前奏，并不是无足轻重的。实际上，真诚的问候是开始双方交谈的最好铺垫。所以问候不是简单的打招呼，而是一种必要的沟通技巧。

向初次见面的人问候，最标准的说法是：“你好！”“很高兴能认识您”“见到您非常荣幸”。

比较文雅一些的问候方式，可以说：“久仰。”或者说：“幸会。”

要想随便一些，也可以说：“早听说过您的大名”“某某某人经常跟我谈起您”，或是“我早就拜读过您的大作”“我听过您作的报告”，等等。

想显示自己的热情，用语则不妨显得亲切一些，具体一些，可以说“今天可真热啊”“参加宴会的人真多”，也可以讲：“您气色不错”“您的发型真棒”“您也是刚到这里吗”“今天的风真大”“您跟朋友一块来的”。

问候语不一定具有实质性内容，而且可长可短，需要因人、因时、因地而异，而它却不能不具备简洁、友好与尊重的特征。

问候语应当删繁就简，不要过于程式化，像写八股文。例如，两人初次见面，一个说：“久闻大名，如雷贯耳，今日得见，三生有幸。”另一个则道：“岂敢，岂敢！”搞得像演出古装戏一样，就大可不必了。

问候语应带有友好之意，敬重之心。既不容许敷衍了事般地打哈哈，也不可用以戏弄对方。

“来了”“瞧您那德性”“喂，您可真够胖的啊”，等等，自然均应禁用。

当别人介绍我们认识对方时，应当跟对方寒暄。若只向他点点头，或是只握一下手，通常会被理解为不想与之深谈，不愿与之结交。

【社交礼仪全知道】

迅速地想，慢慢地说，注意掌握好你的语速，是你应该选择的最恰当的说话方式。

会赞美，把随声附和变高明

真诚的、发自内心的赞美可以让我们很快获得陌生人的好感，化解对方的疑虑、尴尬等。每个人都有自己的优点和成绩，都希望获得别人的肯定和赞美。有些优点和长处是与生俱来的，比如某人长得漂亮、智商很高等，因此对于别人优点和长处的肯定不仅不会贬低自己的位置，而且可以使旁人从中认识到我们所具备的优良品质，从而获得他人的赞许。

赞美别人，不单单就是花言巧语、甜言蜜语，重要的是根据对方的文化修养、个性性格、心理需求、所处背景、角色关系、语言习惯乃至职业特点、性别年龄、个人经历等不同因素，恰如其分地表扬或称赞对方。

比如，要表述对社会嫉贤妒能现象的认识，对方是知识分子，可说："木秀于林，风必摧之；堆高于岸，流必湍之；行高于众，人必非之。"但这话就不能再照搬讲给文化水平不高的听众，对他们可以说"枪打出头鸟""出头的椽子先烂"这样的俗语，对方会更容易接受，讲话才会有效果。讲激励人的话也是这个道理。

如果对方性格外向，透明度高，可以多赞美他，他会很自然地接受；如果对方比较内向、敏感、严肃，你过多地赞美他，会使其认为我们很轻浮、浅薄。因此，在赞扬对方时要注意这一点。

再有，每个人的需求不同，要迎合对方来讲赞美的话。一个不喜欢淑女型、个性鲜明、男孩子气十足的女子，我们如果夸她长发披肩、长裙摇曳，定会婀娜多姿、美丽迷人，她也许不会感激你，还有可能认为你多管闲事。如果了解她的心理，夸她的短发看起来既精神又有活力，她一定会开心。

与不同性别的人讲话，应选择不同的方式。对体胖的女子，说她又矮又胖，一定会令她反感；但如果我们夸她一点不胖，只是丰满，她会得到几分心理安慰，不会因为自己胖而自卑。而对同样体型的男子，说他矮胖子，他也许只是置之一笑。

另外要注意对方的年龄特征。若想打听对方的年龄，对不同年龄层的人要采取不同问法。对小孩子可以直接问："今年几岁了？"对老年人则要说："今年高寿？"对年龄相近的异性不可直接问，要试探着说："你好像没我大？"对年纪稍大的女性，年龄更是个"雷区"，问得不好就会讨人厌。一个40岁的中年女子，开口道："快50了吧？"对方一定气愤不已，如果我们小心地问："30出头了吧？"她一定会心花怒放，笑逐颜开。

特别说明：入门休问枯荣事，观看容颜便得知。在赞美别人时，要学会察言观色。一个为事业废寝忘食的年轻人，便可以称他"以事业为重，有上进心"；一个为了债务焦头烂额，心绪不宁的企业家，你夸他"事业有成，春风得意"，对方也许会认为你是在讲"风凉话"，这种话便会起到适得其反的效果。

除了以上因素，还要考虑不同职业、不同宗教信仰等因素。列宁说："对马车夫讲话应该不同于水手，对水手讲话应该不同于对排字工讲话。"陈毅某次出访东南亚，一位宗教界人士送他一尊菩萨，他见机谢道："有了菩萨保佑，我更不怕帝国主义了。"这里陈毅借用宗教术语，不但显示了对宗教的尊重，也表达出了对宗教界人士的谢意，有深意而不乏风趣幽默。

【社交礼仪全知道】

赞美别人不可夸大其词，那样会让人觉得你太虚伪。最好是赞美得当，在让人心情愉悦的同时，又从内心产生对你的好感。

破僵局，说好你的“场面话”

场面话其实就是客套话，说好了会为你赢得无数关注的目光，说不好就会给人一种逢场作戏的感觉。

场面话也颇有讲究，既要有寒暄话，又要有客套话，更要有礼貌话。可以说，少了哪一样都不算是场面话。在社交场合，人们最害怕出现的情况就是“冷场”。一旦发生冷场，会让人觉得很尴尬、很没面子。这时候，就需要有人出来打圆场，说几句场面话，重新调动气氛，让人们轻松愉悦起来。

但凡注重自身修养的人在任何场合下都能讲好场面话，因为他们非常注重社交礼仪。场面话应该说，而且还必不可少。会说场面话并非虚伪，而是疏通人际关系的一种重要手段，场面话说得是否到位，直接影响着你的人脉。当然，我们在听场面话时，也必须动脑子，认真辨别真伪后再确定该听还是不该听。有些礼节性地客套你千万不可当真，否则你就傻瓜了。

礼貌和教养对于交际中的人来说是必不可少的，它可装饰人类一切优良品质的无形饰品。不妨移用一句话，有“礼”走遍天下。礼貌不用花钱，却能赢得一切。礼貌使有礼貌的人喜悦，也使那些受人以礼貌相待的人喜悦。

人的潜意识里可能都渴求别人的尊重和赞赏，于是产生了礼貌。礼貌可以帮我们解决很多问题。

在大街上，有时候我们会遇到这样的事：一个陌生人向你走来，说："对不起，打扰一下。"这时候，我们可能会说："哦，没关系。您有什么事？""请问到广安大街怎么走？"我们的做法通常是热情地解答。

为什么我们会热心地给第一个陌生人解答呢？因为他有礼貌？使用了"对不起""打扰""请问""您"等礼貌用语，我们能从中充分看出对方的诚意，也乐意为他解决难题。而没礼貌的人，我们当然不愿意答理他。

在与陌生人的对话中，我们要使用很多的交际语，这样才能让对方对我们产生好感，乐于跟我们交朋友。

交际中的礼貌用语，主要有如下方面：

感谢用语：谢谢；没什么；别客气；应该的；我很乐意帮忙；等等。

道歉用语：很抱歉；实在抱歉；对不起；打扰了；不好意思；请原谅；真过意不去；完全是我们的错；等等。

问候用语：早晨好；您早；中午好；午安；晚上好；晚安；等等。

挂念用语：身体好吗；最近怎么样；还好吗；生活如意吗；等等。

征询用语：请问您有什么事；您有什么需要我帮忙的吗；如

果您不介意的话；我可以做……吗；等等。

答谢的用语：拜托；请多关照；承蒙关照；承蒙厚爱；承蒙不弃；等等。

赞赏用语：真棒；太好了；美极了；等等。

谦让用语：愚、愚见；寒舍；太客气了；过奖了；为您效劳；请多指教；没关系；不必；请原谅；惭愧；不好意思；等等。

理解用语：太忙了只能如此；深有同感，所见略同；同感同感；感同身受；等等。

常用客套话：慢走；留步；劳驾；少陪；失敬；久违；久仰；恭喜；久仰；久违；包涵；打扰；借光；拜托；高见；等等。

请教或麻烦他人的用语：请；请问；请原谅；请留步；请用餐；请指教；请稍候；请关照；等等。

中国传统中约定俗成的礼貌谦辞如下：初次见面说久仰，看望别人说拜访。等候客人用恭候，请人勿送用留步。请人帮忙说劳驾，求给方便说借光。请人指导说请教，请人指点说赐教。欢迎购买叫光顾，老人年龄叫高寿。客人来到说光临，中途要走说失陪。送客出门说慢走，与客道别说再来。麻烦别人说打扰，托人办事说拜托……

【社交礼仪全知道】

虽说场面话很重要，但在说之前一定要过一遍大脑，清楚在场都有哪些人，他们可能有哪些忌讳。切不可因一时的莽撞而惹人不快，甚至涉人隐私。

不吹嘘，“端”好你的身价

人们常常说某人身价多少，这里的身价就是指一个人的价值、身份或其在社会中的地位。随着经济全球化的发展，无论国际还是国内，社会竞争都日趋激烈，“待价而沽”或“三顾茅庐”的时代已经过去了，有时候机会一闪即逝，如果你不主动出击，不让别人看到你的优势所在，别人不知道你的存在和实力，你就很可能错失良机。

因此，在恰当的时机将自己的能力和才华充分地展现出来，是十分必要的。但是在展示的同时，切不可夸大其词、过分地吹嘘，否则会令你的形象大打折扣。

在工作岗位上，你大可发挥毛遂自荐的精神，推荐你自己去做某项工作或担任某项职务。不过热门的职务和工作角逐者众多，这种毛遂自荐的效果不会太大，但总给了自己一个机会。

面对困难的工作之时，毛遂自荐的成功率相对较高。如果你有能力，可自告奋勇挑战那人人避之唯恐不及的工作。因为别人不愿意做，你的毛遂自荐可以凸显你的存在。如果一战成功，你当然是唯一的英雄；如果失败了，你也可学到宝贵的经验。

你的毛遂自荐也替你的上司解决了难题，他对你的印象会更加深刻。更重要的是，这个过程将成为你日后面对更艰难工作的勇气来源，而你的做法也将成为人们给你最高评价的依据，光是这一点，你就可以在日后享用不尽。

要注意的是，不要吹嘘自己的能力，能力有多少就说多少，太过吹嘘，反而给人以华而不实的印象。

还要注意，千万不要刻意隐藏你的缺点，要知道，刻意隐藏缺点是“欲盖弥彰”。人的心理通常是隐恶扬善的，所以他们会想尽办法去掩饰缺点，宣扬优点。做人的道理也是一样。将自己的缺点展示出来，往往会得到别人的信赖。但这并不是说要将自己的缺点一五一十地全都说出来，这样做不但得不到上述的效果，反而会收到破坏自己形象的反面效果。

那么应该怎么做效果才会最好呢？我们可以透露自己的缺点，但不能太多，顶多透露一两项无关紧要的缺点就行。有少许小缺点的人，给人的感觉通常是“虽然有少许缺点，但大体上很好”，这样的人往往更能获得别人的信赖。

试想一下，一个能充分赢得别人信赖并具有非凡能力和才华的人，到哪里机遇不向他招手呢？

【社交礼仪全知道】

如果你的毛遂自荐没有如愿，千万不要灰心丧气，因为你的勇气已在别人心中留下深刻的印象，而且一次的失败正是下次成功的本钱。

礼为先，商务谈判零距离制胜

在现代商务中，应酬是必不可少的，商务人员要掌握接待礼仪，并且要铭记于心，以实际行动给以客户贴心的感觉，拉近与客户的心理距离，促成合作。

商务人员在接待中要意识到客户的重要性，做到“迎人三步”，还要明白送客之道，不要忘却了“身送七步”，否则容易给客户留下虎头蛇尾的印象，导致商务应酬前功尽弃。

基本的商务谈判礼仪有如下几项内容：

1. 营造成功谈判气氛的艺术

一个成功的谈判会引领重要合作的顺利开始，要想成功地进行谈判，掌握如何创造一个良好的会谈气氛是十分重要的。

首先，抓住会谈开始的前奏，营造一个有利于自己的氛围。良好的开端是成功的一半。双方人员见面之初，免不得要互相介绍、寒暄。这时，就应抓紧时机，对会谈气氛施加影响，同时谈判人员应特别注意礼仪修养，态度应热情诚恳，以便先入为主，消除距离感。一般以中性话题作为开场白，设法引起双方的共鸣，使双方在感情上接近许多，然后再进入正题就比较自然了。但应注意开场白的时间不宜过长，应控制在谈判时间的5%之内。

其次，选择一种比较自然、随和进入会谈正题的方式。以轻松自然的语气先谈些双方容易达成一致意见的中性话题，引起双方的共鸣。这种容易获得肯定回答的方式，有助于创造一种“一致”的气氛，有利于最终达成一致意见。

再次，双方谈判要体现出真诚的合作态度，尊重对方，争取在一个友好、平等的位置上展开谈判。任何性质的谈判，最终目的都是想取得符合双方利益的积极成果。因此，谈判过程中，谈判人员要做到以下几点：

（1）要诚恳、积极地沟通，使人感到有诚意。

（2）尽量地适应对方需要，尽量满足对方的合理要求，求得双方的共同利益，避免正面冲突，巩固发展已形成的良好气氛。

（3）要简单明了地发表意见，切忌长篇大论，滔滔不绝。盛气凌人的讲话态度很容易引起对方的反感，不利于谈判的发展，甚至会陷入僵局。注意倾听对方发言，不要随意打断别人谈话，更不能不等对方讲完话就批驳。待对方发表完意见后，再阐述自己的见解。

2. 商讨与辩论

谈判过程中最重要的环节和核心当数商讨与辩论，通过双方之间的商讨与辩论，可以解决许多牵涉双方利益的实质性问题，最终达到一致。商讨和辩论，无非是通过构思和辩论得出一个对双方都有利的解决方法。谈判双方都希望得到一个满意的结果，所以要心平气和、头脑冷静，共同商讨，期待得出一种双赢的效果。

首先，要明确自己的观点和立场，以便于更好地沟通，获得彼此的信任感。双方都有自己独到的观点，所以在立场问题上争执不休是不明智的。谈判的重点是利益，最终目标是为了满足双方潜在的利益，如果一味地把谈判立场与真正利益混淆不清，仅仅在立场的冲突上双方互不相让，则有可能使谈判毫无结果。

其次，针对具体问题展开商讨，要把人与问题分开，不要含混不清，对发表不同意见的人纠缠不停。成功的谈判是建立在双方充分的了解和沟通、尊敬和信任的良好工作关系上的。参加谈判的人要把自己看成是双方工作的人，所要解决的是问题，而不是攻击人。

商讨与辩论过程中，要重视双方实质的利益，寻求一种能满足双方实质利益的同时，又能使双方关系持续下去的结果。

要想在商讨中取得胜利，要重视谈判的人性层面，直接处理人的问题。一方面要对对方的想法有一个充分的了解，在讨论彼此看法的同时，设身处地为对方设想，给对方谈判者保留一定的余地和面子；另一方面要充分了解对方的情绪，容许对方发泄情绪，控制好自己的情绪，还要增加双方的沟通，建立一种良好的工作关系，谈判对事不对人，携手寻求对双方都有利的协议。

3. 洽商应注意的礼仪

在谈判时，你要遵从相应的礼仪，这是向对方展示你拥有良好的综合素质的好机会。

（1）谈判之前

你应该整理好自己的仪容仪表，穿着要整洁正式、庄重。男士应刮净胡须，穿西服必须打领带。女士穿着不宜太性感，不宜穿细高跟鞋，应化淡妆。布置好谈判会场，采用长方形或椭圆形的谈判桌，门右手座位或对面座位为尊，应让给客方。

谈判双方接触的第一印象十分重要，言谈举止要尽可能创造出友好、轻松的良好谈判气氛。

做自我介绍时要自然大方，不可露傲慢之意。被介绍到的人应起立一下微笑示意，可以礼貌地道幸会、请多关照之类。询问对方要客气，如请教尊姓大名等。如有名片，要双手接递。介绍完毕，可选择双方共同感兴趣的话题进行交谈。稍作寒暄，以沟通感情，创造温和气氛。

谈判之初的重要任务是摸清对方的底细，因此要认真听对方谈话，细心观察对方举止表情，并适当给予回应，这样既可了解对方意图，又可表现出尊重与礼貌。

（2）谈判之中

这是谈判的实质性阶段，主要是报价、查询、磋商、解决矛盾、处理冷场。

报价——要明确无误，恪守信用，不欺蒙对方。在谈判中报价不得变幻不定，对方一旦接受价格，即不再更改。

查询——事先要准备好有关问题，选择气氛和谐时提出，态度要开诚布公。切忌气氛比较冷淡或紧张时查询，言辞不可过激或追问不休，以免引起对方反感甚至恼怒。但对原则性问题应当力争不让。对方回答查问时不宜随意打断，答完时要向解答者表示谢意。

磋商——讨价还价事关双方利益，容易因情急而失礼，因此更要注意保持风度，应心平气和，求大同，容许存小异。发言措辞应文明礼貌。

解决矛盾——要就事论事，保持耐心、冷静，不可因发生矛盾就怒气冲冲，甚至进行人身攻击或侮辱对方。

处理冷场——此时主方要灵活处理，可以暂时转移话题，稍作松弛。如果确实已无话可说，则应当机立断，暂时中止谈判，稍作休息后再重新进行。主方要主动提出话题，不要让冷场持续过长。

（3）谈后签约

签约仪式上，双方参加谈判的全体人员都要出席，共同进入会场，相互致意握手，一起入座。双方都应设有助签人员，分立在各自一方代表签约人外侧，其余人排列站立在各自一方代表身后。

助签人员要协助签字人员打开文本，用手指明签字位置。双方代表各在己方的文本上签字，然后由助签人员互相交换，代表再在对方文本上签字。

签字完毕后，双方应同时起立，交换文本，并相互握手，祝贺合作成功。其他随行人员则应该以热烈的掌声表示喜悦和祝贺。

（4）恰当、得体、有效的洽商询问应注意以下几点：

首先，应当以自然方式进行探索性询问。万事礼为先，礼多人不怪。询问时，应尽量使用委婉的问话方式，先试探性地询问一下。在别人有其他事情要处理时，盲目地打扰他人，容易引起反感。另外要注意语气平和亲切，不要使对方感到好像“查户口”，咄咄逼人，这会给人居高临下、不尊敬自己的感觉，容易使对手产生防范心理，以至于回答问题谨小慎微，甚至不予合作。

其次，对于实质性的询问，事先应做好充分的准备。询问前应做好充分的资料准备，不但可以做到胸有成竹，避免浪费时间，还能显示对对方的足够重视，表明自己的诚心，如购买某种商品，业务人员对这种商品的质量、品种、装运等情况做过全面了解，问起问题就会显得更加得心应手。

再次，聆听的过程中要认真仔细，避免心不在焉。如果对该回答不满意还需继续提问，应该耐心地等对方回答完上一问题后，再提出问题，进行查问。查问还应注意现场气氛，如果双方注意力都集中在另一问题上，就不宜撇开主题强行询问。被询问一方在回答对方提出的问题时，应态度坦诚，实事求是地针对对方所问作答，不要闪烁其词。如果对某个问题确实不了解或者不便回答，则可委婉说明，以免令对方尴尬或出现僵局，不可露出不耐烦的神情。

4. 保持良好的举止

在与对方商谈过程中，保持良好的姿态是很有必要的。因为你给对方的视觉感受，对他在生意上的最终判断是有一定影响的。所以，在谈判场上，当你坐下时要注意腰、背挺直坐好，不要弓腰驼背，显得懒散，没有精神。两膝不要开得太大，否则大张着两条腿，显得很不礼貌。适宜的距离是不要超过肩膀的宽度。此外还应该注意：

忌跷二郎腿，脚尖乱抖，这样不仅使别人认为你不懂礼貌，没有教养，还显得你没有诚意，态度不严肃。

不能脱下鞋子搔痒。“隔靴搔痒”当然是办不到的。可是如果因为脚痒就脱下来搔，实在是太失礼了。且不说你的脚是不是臭气熏天，单是那形象就足以令人作呕三天了。恶心成这样，商谈就别再奢望有一丝成功的希望了。

双手要保持正确得当的位置和姿势。标准的姿态是将手轻轻置于面前的桌上，或交叠放于膝上。

以下各项都是不正确的：

用手指拨弄名片，或拨弄眼前的茶杯、钥匙、打火机等物品，这样做不仅显得你心不在焉、没有礼貌，有经验的客户还可通过这些小动作看出你的弱点，不利于你与他之间的谈判。

用手抓摸脖子、鼻子、头发，揪耳朵，摸下巴等。有经验的客户通过这些动作可判断出你此时的心理状态，从而把商谈引向对他方有利的方向。

用手指敲桌子，啪啪作响，或用手指乱弹纸上不存在的灰尘，弄出很大的啪啪的声音。做这样的动作尤其显出你没有教养，对商谈不重视，不感兴趣，的确令人非常恼火。

商谈中在纸上乱涂乱画。这个无意间的动作也会显得你心不在焉，还会泄露你的秘密。

所有上述这些小动作，都是不利于商谈的顺利进行，因此，如果你在平时并没有注意到的话，应尽快纠正。

【社交礼仪全知道】

你的姿态动作也对把握谈判气氛起着重大作用，目光注视对方时，目光应停留于对方双眼至前额的三角区域正方，这样使对方感到被关注，觉得你诚恳严肃。手心向上比向下好，手势自然，不宜乱打手势，以免造成轻浮之感。切忌双臂在胸前交叉，那样显得十分傲慢无礼。

这样做，对方才肯开口说

和陌生人交谈，最忌讳的是自己口若悬河而对方沉默不语。所以，我们不仅要打开自己的话匣子，还应该巧妙地打开对方的话匣子。打开对方话匣子的最好方法是提问。光是自己不断地说话，是无法了解对方关心的问题的，所以让对方多说话非常重要。

我们要善于提出一些问题，然后用心地倾听对方的答复。除了用心倾听之外，还要不时地插入一些问题进一步询问。掌握主导权，一步一步借题发挥，在询问过程中渐渐了解对方关心的内容，而且以此为重点让话题继续进行。这样一来，对方就会饶有兴趣地侃侃而谈，这是让谈话热烈进行的秘诀。

比如说与我们想结识一个医生，而我们对于医学完全是门外汉，这时我们就可以用问的方法来打开局面。“近来患流感的人好像很多，你们大概又忙于替人打预防针了吧？”一个和时令或新闻有关的问题，同时又切近对方的工作，这是最得体的。这样一来，便可以与对方谈下去。我们可谈下去的内容很多，从流感谈到环境卫生，再谈到环保，谈到免疫……只要他不厌烦，我们可以一直引他谈下去。

如果碰到房地产经纪人，我们可以问他近来国家宏观调控下的房价走向；碰到家电业的人，则可请教他国产电器和日本电器的性能价格比较；碰到教师，则问他学校的情形。总之，问话是打开对方话匣子的最好方法。

问话须注意的是，要问对方所知道的，问对方最内行的事情。如果我们不确知对方能否回答，那么还是以不问为好。例如问一个医生“去年本市患甲肝的病人有多少”，这是不容易回答的。要是对方的答语是“不大清楚”，这样不仅使答者有伤体面，而且会让双方都感到没趣，因此，要尽量回避这样提问。

其次，有关宗教及政治的观点要慎重提问，除非对方是专家或权威人物。因为普通人对宗教与政治各有各的立场和见解，他也不知道我们有什么用意，也不知道我们有无成见。聪明的人一般不会明确地答复这种问题，所以不问为好。

有些问题，在我们得不到圆满的答复时，可以再继续问下去，但有些问题问过以后就不宜再问。比方说，我们问对方住在哪里，如果他说“在朝阳区”，那么我们就不宜再问某街某号。如果他想告诉你，他一定会详细地说出。举一反三，其他诸如此类的问题也是一样，问问题要适可而止，以免误事。

此外，在日常交际中还要注意，不可问别人东西的价钱，不可问报纸刊物的销售量（除非知道他的刊物是一流的，使对方说出而无愧），不可问女士的年龄（除非她是60岁左右的），不可问别人的收入多少，不可详问别人的家庭情况，不可问别人用钱的方法，不可问别人工作上的秘密，如企业股票上市价格等一些商业机密等。

凡对方不知道或不愿让别人知道的事情都应避免发问。问话的目的是引起两方谈话的兴趣，而不是使任何一方没趣。如果我们的提问能使答者滔滔不绝、十分尽兴，那便是问话的最高境界。

接下来我们来谈谈发问的技巧。

问话是表示虚心，表示谦逊，同时也是表示尊重对方。“帮我把信寄了”就远不如说“能不能帮忙寄一封信”，后者使人听了觉得舒服。

同样，对某件事情不明白，就不妨请教别人，自作聪明是最吃亏的。一句坦白的、求教于人的问话，最能博得别人的欢心。

可是怎样提问呢？问话的方法有很多种，收效各有高低。高明的问法使人心中喜悦，而愚蠢的问话则会使对方失笑甚至反感。

李文宇在一家大公司做客服，刚刚开始接受新的工作时，她的客户主要是全球500强企业的人力资源总监，他们谈到一些术语和概念，她一开始听不懂，但她并不会急于向对方弄清楚这个词的含义，而是很灵巧地向对方提问：您能否向我介绍一下贵公司talent pool是如何建设的？于是对方的回答自然让她明白了很多talent pool的含义。后来，她又在与其他客户沟通过程中同样听到了这个词，那时她不仅能迅速反应出talent pool的含义，而且她还发现这是一个共性话题，几乎和所有客户打交道时都能用。假如当初李文宇只是硬生生地问talent pool是什么意思，我想结果可能是：对方会解释给她听，但这样一来他原先的表达逻辑就被她打断了，而同时也意识到李文宇对这个行业不了解，于是他可能倾向于少说一些，或者只说浅层的东西让她知道，而这样一来，她所能从他这里学到的东西就很有限了。

由此看来，问话的方法是值得研究的。美国有些冷饮店因为一些客人喜欢在喝可乐时放个鸡蛋，所以服务员在客人要可乐时必问一句："要不要鸡蛋？"某心理学家应邀到一家冰果店里去研究如何发展营业时，他就建议不应问"要不要加鸡蛋？"而应问"要一个还是两个鸡蛋？"

问话的奥妙千变万化，还是要靠你自己去揣摩，因人、因地、因事而灵活运用。而你一旦掌握了聪明、轻松打开话匣子的能力，你的关系网至少比现在扩大一倍。

【社交礼仪全知道】

谈话要讲究技巧，问话同样要讲究技巧。在沟通中的问话，最重要的是语气要温和，态度要谦恭。有些问话不可自己先表明自己的意见，与其问“你很讨厌他吗”或“你很喜欢他吗”？不如问“你对他的印象怎样”？

掌握火候，让交谈友好结束

人们常说掌握好火候，其实是指说话办事要掌握好尺度、要拿捏好分寸。说话也讲究火候，塑造动人的声音，令人舒服的语气，走心的言语必能打动人。

元朝学者陶宗仪对写文章有个“三段论”的说法，即“凤头、猪肚、豹尾”，而我们与陌生人结交的过程也与写文章一样，也需要有个“引子”“正文”和“收尾”。先说问候的话、引出话题就是“引子”，真诚而自然地交谈就是“正文”，适时结束交谈向对方告别就是“收尾”了。只有把这三个部分处理得好，方能使得一次交谈有个满意的结果。前面“引子”“正文”我们都进行得很顺利，那么，我们最后要做的就是有一个完美的“收尾”。

小林代表公司参加了一个展销会，还认识了一位漂亮的女士。通过交谈，小林知道对方与自己是同行，因此，他们就自然地聊起了双方所熟悉的话题。那位女士非常健谈，小李虽然话不多，但在关键时刻能说出中听的话，有时开解她一下，有时称赞她一下，这样一来，对方谈兴大增，很有与小李相见恨晚的意味。

聊了一会儿，小李就有点坐立不安了，因为老总曾交代他，到展销会后，尽快把情况向公司汇报。小李几次想打断她，但都没好意思。毕竟对方是个女士，又聊兴正浓，这样打断对方显得不礼貌。

又聊了一会儿，小李觉得不能再说了，得想个办法让她住嘴。猛然间，小李有了主意。只见他一会儿四处张望，一会儿又看看手表，脸上还显露出很焦急的样子。很快，那位女士注意到了小李神态不对，就问小李怎么了。小李也没隐瞒，如实向她说明了原因。那位女士笑了，埋怨小李为什么不早说，然后就催小李赶快办正事，还对小李说以后常联络。

还好这位女士是一个爽快的人，而且观察能力还很强，看出了小李有急事的样子，否则，小李还真要为结束交谈而费一番脑筋呢。其实，小李的这种做法是有一点欠妥的。如果对方是个爽快人，可能会询问他是不是有急事；如果对方是一个较敏感的人，很可能会误会他的做法。

俗话说，天下没有不散的筵席。我们与陌生人不管如何相谈甚欢，都有说再见的时候。如果是对方先提出结束交谈，我们就可以礼貌地与他道别；如果对方没有要结束的意思，我们就应该找准时机，向对方提出结束交谈。

1. 我们可以从时间上把握。例如，聚会快结束的时候，就可以适时提出结束交谈；时间快到中午、晚上，或者是晚上已经很晚了，这时我们就可以以“时间不早了”为借口，向对方提出结束交谈。

2. 我们可以从双方的交谈内容中找出结束的时机。如果双方就某一个话题谈得很投机，而此话题所涉及的内容又很广，一时半会儿不可能结束时，就可以跟对方说另找时间再谈。或者，当转移话题的时候双方都没有什么话可说了，这时就可以结束交谈。

3. 如果是相约见面，我们最好到对方家里“登门拜访”，而不是约他“光临寒舍”，这样可以掌握结束交际的主动权。如果对方来做客，我们不必为了显示热情而拼命挽留对方。否则，如果对方不好意思立即告辞，那么再开始的谈话只能是纯应酬了，很难涉及实质性问题。

【社交礼仪全知道】

在有突发事件发生时结束交谈，是结束交谈的最好时机。例如，聚会时有主持人要讲话，或者有人、有电话找对方（自己）时，等等。

社交小贴士：不要偏离主题

那些在社交场合中游刃有余的成功人士，总是深谙谈话技巧，知道在什么时候打断、插入、转移和引导话题。智慧的谈吐令他们在任何场合都能游刃有余。

与人聊天时，要想给人留下思路清晰的好印象，就要紧扣聊天的主题，不能信口开河，想到哪说到哪。比如，大家一起聚餐为即将出国的同学饯行。在饭桌上，有人却大谈特谈他在高速公路上遇到的车祸现场，严重影响了大家进餐的心情。如果他们在餐桌上谈论的是同学即将去往的那个国家的风土人情、人文地理、文化艺术、生活习惯等，对同学有帮助的信息，那位同学一定会很开心。

任何偏离主题的交流都会增加沟通的时间成本，影响沟通效果。所以，无论交谈时你很想说什么，千万记得要把思绪拉回来。千万不要做一个说话“跑题”的人，这会令你的形象大打折扣。

第三章

品位制胜：用形象打开对方的心门

那些成功人士，无数男人女人，不仅吸引无数人的目光，也令无数人羡慕。岁月的流逝并没有在他们的身上留下太多的痕迹，反而越来越有魅力。是什么给了他们恒久的魅力？是自信！而这种自信的产生，很大一部分来源于他们得体的服饰装扮，来源于他们彰显于外的有品味的形象内涵。

穿出影响力，服装是你的另一张脸

常言道“人靠衣装马靠鞍”，人的着装就是其另一张脸，直接影响到别人对你的第一印象。也许你还不知道，你只有10秒钟的时间给别人留下自己的第一印象。你会认为这不公平，你想别人应该认识真实的你。这也许不公平，却是不可改变的事实。

根据西方学者雅伯特·马伯蓝比教授研究出的“7/38/55”定律，旁人对你的观感，只有7%取决于你谈话的真正内容；而有38%在于辅助表达这些话的方法，也就是语气、手势等；却有高达55%决定于你的外表，可见外表是多么的重要。

1962年，在英国伦敦一个著名贵族举办的豪华宴会上，一名中年男子出尽了风头，他优雅的举止、迷人的言谈，不但令在场的所有女士都对他倾心，而且所有男士也都对他抱着极大的兴趣和好感。人们私下里纷纷相互打听，都想认识他，并和他成为朋友，而那位男子在这次宴会上也收获颇丰，不仅签下了40多单生意，还找到了他的终身伴侣。

这名男子就是英国著名的房地产新秀柯马·伊鲁斯。

他凭借自己优秀的形象，征服了整个伦敦的上流社会，随后，金钱和好运向他滚滚涌来。

其实在12年前，柯马·伊鲁斯就来过伦敦，并出席了一个由商会举办的小型聚会。

那时的柯马·伊鲁斯还是个小人物，开了一家小水泥厂，整天勤奋地忙来忙去，根本无暇顾及自己的形象。为了扩大生意，他千方百计弄到了一张商行聚会的邀请信，想混进去多结交一些人，拓展自己的人际关系。

可一进入聚会大厅，他就知道自己走错了地方。大厅装饰得金碧辉煌，男士们个个西装革履、彬彬有礼，女士们个个华衣锦服、温文尔雅。柯马·伊鲁斯低头看看自己，一身满是补丁且有着厚厚油腻的工作服，大胶鞋，乱发，简直像个乞丐。这时几位女士过来了，故意将酒洒在他身上，并趾高气扬地给他小费。侍从过来询问他，他讲明自己的身份，可是没人相信，而他拉一个认识他的人做证时，那个人不承认认识他，而说他是路边的鞋匠，于是他被当成混进来的鞋匠给赶了出来。

怒火过去之后，柯马·伊鲁斯开始考虑自己为什么会受到这种待遇。自然，凭他的头脑，一下子就想明白了。回到家乡后，他做的第一件事就是参加了一个礼仪培训班，并高薪聘请了私人形象顾问。

不要成天只知道忙于工作，而忽视了自身良好形象的培养。因为良好的形象可以在生意上助你一臂之力，使你的辛苦付出结出丰硕的果实。

为了给人最好的状态，请随时注意你的着装，打造好自己的第二张脸。

【社交礼仪全知道】

如果你不注意自己的形象，不仅你的生意有可能毁于你的形象，你的爱情也有可能毁于你的形象。这绝非危言耸听！

形象制胜，打造符合身份的形象

形象是生意成功的一个重要的助推器。成功的外表形象为你生意的成功起着推波助澜的作用，失败的外表形象也可以破坏或阻挡事业的顺利发展。

在这个形象制胜的年代，打造符合身份特点的形象尤其重要。事业的成功多取决于成功的社交，成功的社交多取决于给人留下的良好形象。一旦你的外表、你的穿着打扮给人留下深刻而良好的印象，许多可以合作的契机就会自然而然地产生。否则，不良形象将成为你生意路上的绊脚石。因此，塑造良好的个人形象十分重要且必要。

形象对个体的凝聚力而言，主要表现为其吸引他人关注、信任、支持的程度。

英国的维珍集团总裁布兰森就把这招用到了极致：布兰森那种高扬个性、爱出风头的个人形象使他和他的企业在相对比较保守的欧洲文化中相当的耀眼和突出。更为重要的是，布兰森的这种定位恰恰迎合了欧洲人需要适当张扬的个性，适当改变旧有古老文化传统的内在心理愿望和需求，如果不是这样，布兰森和维珍集团那如此杂乱的多元化经营必定难以制造出如此惊人的成功。

形象制胜观念不仅是时代内涵的体现，而且也是人类未来价值取向的导向和前瞻。这种观念一旦形成、确立，就会转化为一种巨大的力量，即一种推荐力、吸引力和感召力。它能帮助个体在社会竞争中更加充分地实现自身价值。

科学研究结果表明，个人感受到的对方仪表的魅力同希望再次与之见面的相关系数远远高于个性、兴趣等同等的相关系数。在商务应酬中，人的外表形象往往会起潜移默化的微妙作用。总的来说，塑造良好的个人形象应做到以下几方面：

1. 保持仪表整洁

干净、整洁是个人礼仪的最基本要求。要求仪表仪容干净、整洁，就要做到并保持无异味、无异物。这里包括面容、头发、脖颈与耳朵、手、服饰等方面的整洁。面容看上去应当润泽光洁；耳朵、脖子应当干干净净。一个有教养的人，绝不会是那种不修边幅、蓬头垢面的人。注意不要让你的上衣和肩背上落有头皮屑和掉落的头发，因为那样就会给人一种不整洁的感觉。在人的仪表中，手占有重要的位置。一般来说，男性不宜留长指甲，女性如果留长指甲，一定要修剪整齐，并保持洁净。

2. 注意重要的细节

口腔卫生也是个人仪表仪容整洁的重要内容之一，主要应注意口中有无异味。与人交谈时，如口中散发出难闻的气味，便会使对方很不愉快，自己也很难堪。如果吃了味道强烈的食物，可在口内嚼一点茶叶、红枣或花生，必要时可以用嚼口香糖的办法来减少口腔异味。但要注意，在商务应酬中，在别人面前大嚼口香糖是不礼貌的行为。

身体异味也是令人极为反感的。经常洗澡，勤换内衣，可以减小或防止身体异味。

服饰穿戴在任何情况下都应保持干净整齐。此外，对鞋袜要像对衣服一样重视，皮鞋应保持鞋面光亮。“三分衣服七分鞋”，可见鞋的整洁在仪表中的重要性。

3. 做到简约、大方

要求仪表仪容简约，就是在整理、修饰仪表仪容时，要力求简练、明快、方便、朴素。要求端庄大方，就是要求端庄、斯文、雅气，而不花哨、轻浮、小气。

修剪头发时，对于男性来讲，应当求短忌长；对于女性来讲，则不提倡留披肩发。偏爱披肩发者，在工作岗位上有必要将它暂时盘束起来。如果染发，颜色宜与本身发色相近。

修剪指甲，总的要求是忌长。除了必要的指甲保养，不宜做过于张扬的彩绘。

切记“修饰避人”的原则。在进行仪表仪容修饰、整理时，务必自觉回避他人，以示对己对人的尊重。女士需补妆时，应到洗手间内进行。

男士不化妆，以修面、理发为主，但也可少量用护肤霜、香水等；女士要以淡妆为主，达到容貌端庄自然、健康的效果。

根据着装、自身特点、场合需要，选择佩戴饰品。佩戴饰品时应符合佩戴要求，以点缀为主。

此外，一个人的个人形象会影响到别人对他的看法，这在商务交际中非常重要。怎样保持良好的个人形象呢？

显然你不能对流行时尚一无所知，也不能过分追赶潮流而在外表上失去你的专业信誉。有七个细节是值得注意的：

1. 高保湿的发式

带有浓厚保湿效果的头发，给人以清新、有活力的感觉。

2. 简洁而洗练的领口

能体现你的效率与创新精神的领口，常常是简单的半立领式，领子呈不对称的半开放式设计。

3. 唇膏的颜色

深玫瑰紫、洋粉红和咖啡玫瑰红，是赢得“人心相向”的“武器”之一。

4. 套装色是否与肤色相配

你适合何种套装色，一定要请教色彩配衬师、色彩专家和有经验的朋友。这是确立个人着装风格的第一步。

5. 摆脱制服装的约束

6. 亮丽的旅行袋式挎包

大容量的、旅行袋式的挎包，鲜艳、明丽、有运动特质，似乎是挎着一种出走与逃离的欲望，表现人心所向。

7. 鞋子上的时尚特征

无论是靴子还是皮鞋，能表达干净洗练的专业人群素养者，只能是方头鞋而不是尖头鞋。尖头给人神经质的感受，显得个性过甚，缺乏合作诚意。流线型的鞋底也能给人潇洒亮丽的好印象。

在今天艺术与生活、传统与现代相互交融的时代，在人们日益注重形象、追求时尚、彰显个性的时代，形象就是财富，形象就是实力，形象就是你取胜的有力保证。这一点勿庸质疑。

所以，要打开生意的大门，形象设计就是开门的这把钥匙，不但要努力维护形象，更要懂得包装自己，这样，成功的机会就会更加垂青你。

【社交礼仪全知道】

好形象是你的宝贵资源，它令你商场如虎添翼，在人群中凸显出高贵的自我。形象可以决定发展，形象可以创造效益。因此，你要倾力打造符合自己身份的良好形象。

商务着装，透射你的品味和内涵

商务着装一般包括商务正装和商务便装。所谓正装，是指适用于严肃的场合的正式服装，如西服、中山装、民族服饰等。商务便装是指在正式的社交、谈判场合穿着的相对休闲服更正式一些的休闲服装，它区别正装和工作装。相对于商务正装而言，商务便装是在商务活动中较为随意的服装，但仍然属于正式着装范畴。

人与人之间初次打交道时，外在形象，包括着装成了能否给人留下良好印象的最重要的因素。得体而有品味的商务着装会帮助你在商务交流中少走弯路，促进成功。

着商务正装时多是参加比较重要的商务洽谈、出席正式的商务活动时的穿着。商务便装的着装时间一般在星期五和周末。如果有正式商务活动或要约见重要的客户，最好还是穿正式的服装。

男士的正装穿着要十分讲究。在西方国家，正装包括西装和燕尾礼服；在中国，正装则以西装为主，有时也可着中山装、夹克等。最常见的男士正装，是“衬衫+西服+领带+皮带+西裤+皮鞋”。实际上，如果在炎热的夏季穿着衬衫和西裤也是正装的体现。西装的穿着讲究场合，因为只有相应的氛围才能够表现出西装庄重的特点。

制作西装的面料要求精致与考究、挺阔，不能过于厚重，颜色以黑色为上乘色，灰色次之；西装讲究合身，衣长应过于臀部，标准的尺寸是从脖子到地面的1/2长；袖子长度以袖子下端到拇指11cm为宜；衬衫领口略高于西装领口；裤长以到鞋跟处为准，且不能露出袜子；裤腰前低而后高，裤型可根据潮流选择，裤边不能卷边；这些均是穿着西装的基本搭配，体现西装的规范性。

此外，西装的配饰，例如领带、领结、手巾、皮鞋、纽扣等，它们同样是正装穿着的重要组成部分，不容忽视。

一般来讲，男性商务便装宜选择：外套、长短袖衬衫、有领T恤；卡其布、灯芯绒等面料长裤；皮鞋。女性商务便装宜选择：长短袖衬衫，有领T恤；便装裤，卡其布、灯芯绒等面料过膝的长裤及长裙；选择有后带的凉鞋。

商界巨子比尔·盖茨就非常注重自己的形象，他曾经请专家对自己的形象进行设计、包装与宣传。比如，1991年，他将要在拉斯维加斯发表演讲，但是，演讲并不是比尔·盖茨的长项。为了使自己以更好的形象出场，使自己的演讲产生巨大的影响与传播力，比尔·盖茨专门请来了演讲博士杰里·韦斯曼为自己的演讲做指导。比尔·盖茨演讲时，熟悉比尔·盖茨的人都非常吃惊：比尔·盖茨一改往日懒散随意的形象，穿了一套昂贵的黑西服。他那尖锐的嗓音虽然无法改变，但丝毫没有影响到他的演讲。结果，这场主题为“信息在你的指尖上”的演讲传遍美国，获得了巨大的成功，而比尔·盖茨的形象魅力值也迅速得到提升。

英国历史上第一位女首相撒切尔夫人，是一位对别人的衣着毫不关心，却对自己的衣着非常在意的人物，她对自己的化妆、服饰等都非常讲究。在她身上，没有一般女人的珠光宝气和雍容华贵，只有淡雅、朴素和整洁。少女时代的她就十分注重自己的衣着，但并不标新立异、哗众取宠，而是朴素大方、干净整洁。从大学开始，她受雇于本迪斯公司，她那时的衣着给人一种老成的感觉，因而公司的人称她为“玛格丽特大婶”。每个星期五下午，她去参加政治活动时，都头戴老式小帽，身穿黑色礼服，脚蹬老式皮鞋，腋下夹着一只手提包，显得持重老练。虽然有人笑话她打扮土气，但她却有自己独到的见解：这样的打扮能在政治活动中取得别人的信任，建立起威信。她的衣服从不打皱，让人觉得井井有条是她一贯的作风。从服饰方面注意自己的仪表形象，对玛格丽特事业的成功的确起到了一定的作用。

强调衣着的重要性，并不是要你像英国花花公子博·布鲁梅尔那样，一年仅做衣服就花4000万美元，扎一个领结也要花上几个小时。你应该穿出符合自己身份和地位的职业范儿。

【社交礼仪全知道】

穿衣应该量入为出，与身份相称，这既是一种责任，也是对自身形象的维护，更是最实际的节俭。

选对饰物，给你的形象画龙点睛

饰物，简言之就是装饰之物。它必须与所装饰的客体有机地结合，成为统一、和谐的整体，才能加强审美效果。饰物早期的定义是指佩带于头上的装饰品；而现代定义是指与服装或者相关环境相配套起装饰作用的饰品，主要是达到美化自身的效果。

现代饰物主要包括：丝巾、项链、胸针、腰带、披肩、耳环、发夹、戒指、手镯、手表、手包、眼镜等。无论男士还是女士，在饰物的选择上都应该坚持少而精的原则。

女士饰物搭配注意事项：

生活中我们看到，很多成功女士都喜欢佩戴珍珠或者项链，这些东西显得很贵气，但如果你同时再加上一条长长的丝巾，就略显累赘。最好是在进入房间后就立即把丝巾摘下或者把项链取下来，身上只留一样饰物最好。

饰品不可少，但切忌佩戴过多。戴太多的饰品会极大地降低职业感。职业女性的配饰以简约精致为好，正式商务场合身上穿戴的配饰最好不要超过五种。

最近几年，各式手串十分盛行，很多信奉佛教的女士喜欢在手腕处佩戴各式佛珠手串。有的人，两只手腕都缠着密密麻麻的手串，水晶的、琥珀的、木质的，各种材质、大大小小、五颜六色。显然，这种佩戴方法是不可取的，过多过密的手串只会碍手碍脚，显得很累赘，给人的感觉不是美感，而是炫耀。

现代女性往往包不离身。但职场女性千万不要选择太过时尚的彩包，黑色或棕色的皮质拎包更具有权威性。与服装相比，皮包的搭配也很重要，切忌不分季节、不分场合，长年累月地只使用一款包，这样做会极大地降低你的品位和格调。

男士饰物搭配注意事项：

在我国，男性代表的是阳刚之气，因此，一个男人，既要具备阳刚之气，又要具备男人的霸气，最好是刚柔并济。因此，男性佩戴的饰品，必须能体现出男人的气质。

一般来说，男性的项链、手链、戒指款式要粗重，造型要有棱有角。项链坠和戒指上的图案也应具有男性特点，如有龙、虎形象或“福”“吉”等字样。

时尚元素总是与饰品配搭，目前市面上适合男性装扮的饰品有项链、手链、戒指、胸针、领带夹等。因此在选择和佩戴时，一定要突出自己的个性和独特的风度。

男性的项链一定要贴身戴，戒指的戴法也应遵循女性戴法的原则。

男性的胸针应选戴抽象的图形或代表雄风之美的龙、虎、豹、鹰等动物图案，这样的胸针别在西服翻领上，会令你雄性十足。

穿西服扎领带时，领带夹应与领带的颜色相配，线条要简洁明快。

在商务活动中，一款搭配得体的眼镜会极大地增强男士的风度。眼镜最初是为视力有缺陷的人生活方便而发明的一种实用品，现在尤其在商务应酬中却已经被大大地扩展了适用范围，增加了装饰的功效。例如，眼睛长得太小或形状不美，或眼周围有疤痕的人，戴上眼镜就能够有效地遮挡这些不足。那么，男士该如何选戴眼镜呢?

1. 长脸形的人宜用阔边而略方的眼镜架，这样会使脸显得短些。

2. 短脸形的人应选用无色透明框边的眼镜架，可以使脸显得长一些。

3. 圆脸形的人宜用有棱角的方形镜架，而不能选择圆形镜框，那样会产生滑稽的感觉，好像大圆圈上画了两个小圆圈。

4. 脸形过大或过小的人，选镜框要适中，男性的脸部轮廓较粗犷，棱角分明，适合配宽边大片的眼镜。

5. 皮肤较黑的人，应选用较为明亮的镜框；皮肤白皙的人则可选择浅色镜架；皮肤发黄，宜用暖色调镜架。

6. 塌鼻梁应戴有高鼻托的眼镜，高鼻梁则宜戴低鼻托的眼镜。

7. 瞳孔间距较宽的人宜选用深色大镜框；较窄的则应选择中间有镜桥的透明浅色镜架。

穿衣戴帽，对于男士来说帽子也是其中的重要组成部分。选择适合自己的帽子能够恰如其分地衬托出风度和修养，展示社会地位、经济状况。选择帽子时首先考虑实用性，其次考虑装饰性，不论是礼帽，还是棒球帽、旅游帽，都要从自身出发选择适合自己的式样、颜色。

帽子要与自己的装束、年龄、工作等相协调，并根据自己的脸型选择。脸圆的人适合戴宽边较高的帽子，脸窄的人适合戴窄边的帽子。

一般的场合，男士戴的帽子要颜色稍深一些、暗一些，有利于男士展示刚毅、干练的作风，但是质地和色彩要选择较为柔和的，这样不会给人太过强硬的感觉。穿礼服时，必须用黑色的礼帽与其相衬，在工作场合里尽量不要戴帽子，如果要戴，帽子的帽顶不能太高，帽檐也要选择窄一些的。

要根据衣着和场合选择帽子。白色的西装配白色的礼帽；在运动的时候，也可以戴白色的棒球帽等，具体的情况可以具体分析。

【社交礼仪全知道】

商务男士的穿着不能露出这些：穿袜子不要裸露腿毛，不露鼻毛与胸毛，不露胸部隐约两点，不露刺青，不露衬衫口袋里的凌乱物品，不露项链，不露宗教相关物品如护身符等。

品质制胜，鞋子的选择至关重要

常言道“千里之行，始于足下”，这与鞋的作用是分不开的。但是，美国疾病预防控制中心的一项数据显示，成年人的脚病与多种因素有关，其中64%源于穿鞋不当。可见，选择鞋子不仅要注意外形，更要注意其舒适度。

有人说，皮鞋是男人的第二张脸。那么，职场男士该如何选择适合自己的鞋呢？

男士们都该有几双合适的皮鞋，以供所需。若所在行业或企业的着装要求是商务便服，皮鞋一定能提升你的专业形象；而在必须穿着西装的场合，皮鞋则是唯一的选择。

对于皮鞋的款式，是选择系带式，还是选择无带的，可依个人喜欢而定。但作为有品味的男士，一定要选购真皮材质的皮鞋，因为真皮才能显示出鞋子的品质和质感。颜色方面要避免穿双色皮鞋，以纯黑色或深咖啡色为宜，鞋面上最好不要有特别明显的金属饰品。选对了皮鞋会给你整体形象加分，如果选错则会使你的整体形象大打折扣。

一双做工精良、品质上乘的鞋子总能达到舒适与美观的和谐统一。那么，如何选择一双有品质的鞋子，为你的形象加分呢？

1. 鞋与服装搭配的颜色选择

鞋的颜色要考虑所穿着的衣裤的颜色。鞋的颜色既要独特，又要与整体服装格调相配。对于穿单色调服装来说，一般选择和服装类似或者相同的颜色。若是穿花色多的服装，最好选择黑皮鞋。黑色在视觉上给人稳重之感，可以和各种颜色的服装协调搭配，黑色也是永恒的流行色。如果你想让鞋子的颜色稍有些变化，可以再备双灰色和白色皮鞋，灰、白色感柔和，很容易与各种颜色的服装搭配。

在如今的流行色中，柔和色慢慢变为明丽，鞋服的色彩组合也开始日趋多样化，如，淡粉色和白色组合、白色和象牙色组合、豆沙色和银灰色组合等。石磨蓝的牛仔套与白色的休闲鞋搭配，质朴中透出生机。红豆沙色的丝质衬衫与深蓝色的短裙搭配，则更显得深沉与稳重，如果这身装束再配以深棕或黑色的浅口无带的高跟鞋，更能恰到好处地表现出女性大方的气质。

在春夏两季，琥珀色、人参色与透明的灰色系列最领风骚。

黑白色在任何一个季节都不失风采。黑外套、白衬衣与白色浅帮高跟鞋组合，显得风度翩翩、高雅庄重。冬季一般适宜选择深色调，马靴可以很好地表现出朝气和成熟，其既能和长裙搭配，又能和裤搭配。因此，有必要备一双咖啡色或土黄色的马靴，既容易搭配服装，又不容易过时。

2. 鞋与服装搭配的整体性统一

在色彩上搭配合理了，我们还必须讲究质感上的和谐。比如：麻纱植物果实装突出着装者的随性、自然，与休闲鞋搭配最佳；呢料的西服能表现女性的温柔与庄重，应该和高跟皮鞋搭配；真丝的连衣裙适宜和麻边凉鞋搭配，会透漏出妙不可言的浪漫情怀。鞋的搭配技巧不只是颜色、质地上的谐调，还有款式的组合。比如：紧身裤要与高帮运动鞋组合才相配；薄呢长裙要与高跟长筒靴组合更能表现出女性的洒脱和柔媚；旗袍与高跟鞋组合，能更好地展示女性的典雅韵致；喇叭裤型要和细高的鞋跟搭配组合才能突出修长的造型；短牛仔裙与休闲鞋的组合更能令你活力尽现。

3. 鞋与身材的搭配技巧

很多个子不高的女性都想借助高跟鞋来弥补自己身高。其实，身高在一米六以下的女性适宜选择精巧的小高跟鞋，才能衬出秀美体型。如果身材过于娇小却穿着四英寸高的高跟鞋，比例就会明显失衡，给人以极不协调之感。身材娇小的女性也不适合穿齐膝的长靴，否则会显得更加矮小。个子越高的人越适合穿高跟鞋，因为鞋跟的高度与脚的长度是呈比例的。身材过胖的女性不宜穿高、细、尖的鞋跟；矮胖女性最好不要选择皮靴，这样会令你显得笨拙，高胖的女性如果选择皮靴，也会令你像武夫一样，毫无女性的温柔之感。

4. 鞋对人体健康的影响

没有跟的鞋子是女性的大敌，会造成足部韧带和肌肉的劳损，还会连带着给脑部神经带来不同程度的损伤，可导致头痛、腰痛等症状。而高跟鞋虽能让女性挺胸收腹、小腿绷直，但让全身重量集中在脚趾上，长期穿高跟鞋却可能造成足部畸形，而且穿高跟鞋会让腿部韧带和肌肉总处于紧张收缩的状态，很容易造成膝盖僵直。因此，女性穿鞋不宜总穿高跟，最好是高跟和低跟轮流穿，要想让美丽和健康同在，尽量少穿鞋跟在4厘米以上的高跟鞋。

【社交礼仪全知道】

女士穿旗袍时的袜子最好选择高档的肉色长丝袜，千万不要穿带有颜色的和带有图案的丝袜。即使冬天也最好不要穿厚厚的连裤袜，因为这很难与高贵的气质相融。

十足自信，养好你的精、气、神

精神气，是指精、气、神，本是古代哲学中的概念，是指形成宇宙万物的原始物质，含有元素之意。中医认为精气神是人体生命活动的根本。人的一切外在气质都是精气神的外在显现。比如，气质、内涵等。

一个人具备什么样的气质，对其精神面貌有很大的影响。人的容貌如同一朵花，季节性很强，它总有凋零之时，而人的气质所带来的风采，则是与日俱增的。如果一个人整天无精打采，又何来气质可言？

那么，究竟什么是气质？所谓气质，一般而言是指人的相对稳定的个性特点、风格和气度。气质美首先表现在丰富的内心世界。理想则是内心丰富的一个重要方面。因为理想是人生的动力和目标，没有理想和追求，内心空虚贫乏，是谈不上气质美的。品德是气质美的又一重要方面，为人诚恳、心地善良是不可缺少的。文化水平在一定程度上影响着一个人的气质。此外还要胸襟广阔。

气质美还表现在举止上，一举手、一投足，走路的步态，待人接物的风度，皆属此列。朋友初交，互相打量，立刻产生好的印象。这个好感除了源自言谈之外，就是举止的作用了。要热情而不轻浮，大方而不造作。

气质美还表现在性格上。这就要注意自己的涵养，要忌怒、忌狂，能忍让，体贴人。温柔并非沉默，更不是逆来顺受、毫无主见，相反，开朗的性格往往透露出天真烂漫的气息，更能表现内心情感，而富有感情的人更能引起共鸣。

高雅的兴趣也是气质美的一种表现。爱好文学并有一定的表达能力，欣赏音乐且有较好的乐感，喜欢美术并有基本的色彩感，等等。

有许多人外表并不美，但在他们身上却流露着夺目的气质美，如工作的认真、执著，聪慧、洒脱、敏锐，精明、干练。这是真正的美，和谐统一的美。

追求美而不亵渎美，这就要求我们每一个热爱美、追求美的人都要从生活中悟出美的真谛，把美的形貌与美的气质、美的德行结合起来。只有这样，才是真正的美。

一个精气神十足的人总会散发出无穷的魅力。其实，魅力是别人对你的看法，他们通过你的外在表现、你的行动与思想，对你产生了喜欢以至某种带有神秘色彩的感情，所以魅力本身是一种感情。而别人对你的感情是与你对他们的感情密切相关的。如果你的感情特征是积极的、友善的、温和的、宽容的，那么你一定会魅力大增；反之，你就会成为一个不受欢迎的人。所以一个人的个性在很大程度上影响了他的人际交往。

那么什么样的人是富有魅力的人呢？什么样的性格可以造就魅力呢？西方心理学家曾提出了一种说法，称之为“令人愉悦的个性”。如果你拥有令人愉悦的个性，你往往会使自己的魅力大增。人的情感和表现是复杂的，并非所有的性格都是令人愉悦的，有一些性格令大部分人感到不喜欢、讨厌，甚至是难以容忍。比如，人们一般不喜欢消极的、极端化的性格特征，人们对报复性的、敌意的性格特征更是感到厌恶；但一般人们都喜欢富有热情的、积极向上的、友善的、亲切温和的、宽容大度的、富有感染力的性格。所以，如果你能够培养出为大部分人所喜欢的正面性格，那么你成功的可能性就大大增加了。

一般地说，令人愉悦的个性包括以下几方面的特征：

1. 富有热忱

很多人不能成功，是因为他们缺乏热忱，他们缺乏对人、事、物的热情关注，甚至对争取成功也缺乏热忱，这样他们当然无法成功。你是否对某些事情充满热忱？你是否特别关注于某个学科？你是否希望自己在某个领域有所建树？是否有些知识和问题在不断地吸引你的注意力？你是否热衷于学习钻研某项技术，并全身心地投入其中？如果你不是这样的，那么你就要有所改进。你要记住：一定要培养自己对人、事，对学习新事物的无限热忱。如果你能逐渐做到这一点，那么你就是一个潜在的成功者。

除此之外，对事物的热忱还有助于你激发带动其他人，使他们觉得你是一个精力充沛、充满活力的人，这也可以大大地提升你的形象与魅力。所以拿破仑·希尔经常告诫人们："要努力表现并提高你的热忱。"热忱是令人愉悦的个性的一部分，热忱可以改变你的人生。

2. 亲切随和

许多关于魅力的书籍都强调一个伟人大都有一种神秘感与威严，这有一定道理。威严固然令人敬畏，但亲切随和则更会令人喜欢。在社会上，让他人喜欢你，远比让他人敬畏你更有价值。亲切随和的人往往更能广交朋友，善结人脉，总能获得他人的好感与认同。让别人喜欢你，可以为你带来合作机会，为你带来一笔笔交易，为你带来商业利益，甚至更多。

亲切随和的最大好处是对人平等，给人以尊重感。如果你不尊重别人，总以强者自居，若想与别人建立起一种良好的关系，这几乎是不可能的。尊重他人是人际关系最重要的一条原则。

3. 温和谦恭

温和谦恭的性情表明一个人极富涵养，非常成熟，对人和物都有全面的看法。

成功者在性格上的特点往往是不骄不躁、心平气和，他们在任何复杂问题面前都能保持清醒的头脑，不被烦躁不安的情绪所支配。即便他们受到了恶意的攻击，也能心态平和，保持友好的姿态，并要求自己有则改之，无则加勉，不断提高自己的涵养和性情。

如果在商务应酬场合，能做到性情温和、彬彬有礼，则会为你奠定成功的基础。在令人愉悦的个性中，绝对找不到傲慢、自大和唯我独尊的影子。在任何时候都不要愤怒，愤怒没有任何价值；在任何时候都不要急躁不安，急躁不安也不会给你任何助益。成功者有一颗清醒冷静充满信心的头脑，但他们一般也有一颗谦恭的心。

4. 富有感染力

如果你做到了前面所讲的三条，你就是一个很受欢迎的人了。但如果你还能做到这一条，就会使你更具魅力。你是否注意到，成功者的重要特点是他的个性富有感染力。每到一处，他都善于用自己的行动和语言打动别人，否则他怎么给别人留下深刻的印象呢？所以，你要努力培养你的感染力。

一些成功的人之所以具有感染力，是因为他们懂得大部分人所关心的事物，他们能细心地观察每个人的利益、态度与感受。一个人的正义感、同情心往往是感染力之源。在日常生活中，一个人的感染力更多是来自于情感方面。所以，一个具有感染力的人，也是一个具有道德影响力的人、一个正直善良的人、一个对他人的痛苦具有同情心的人。

【社交礼仪全知道】

“性格塑造人”，同样也是性格塑造成功。热忱、亲切、随和、谦恭、温和、宽容、感染力这些优秀的品质，构成了你令人愉悦的个性，从而有助于你获得他人的善待，建立一张宽广结实的人脉关系网。

形象小便当：如何打造最好的妆容

化妆三要素：

1. 需要根据年龄的不同来选择化妆的方式和程度。根据自然规律，一般年轻人着淡妆，中老年人宜选择稍浓的妆，儿童可选用适当的护肤品。

2. 根据职业化妆。不同职业的从业者应选择有自己职业特色的化妆品和化妆方式。这涉及三个方面，即选用哪类化妆品来护肤；选用哪种美肤化妆品来掩盖职业因素造成的皮肤缺陷；了解某一具体行业禁用或不宜用哪些化妆品。

3. 根据场合要求来化妆。不同的场合对于同一个人来说，要有不同的装扮方式。一般清晨在家中可略施淡妆；日常工作环境中要与所处的社交环境相协调，浓淡相得益彰，得体又大方；参加晚间活动，一般则要稍加浓妆。

第四章

投石问路：巧用肢体动作俘获人心

肢体动作常能起到除语言之外的意想不到的效果。一个人要向外界传达完整的信息，单纯的语言成分只占 7%，声调占 38%，另外的 55% 信息都需要由非语言的体态来传达，而且因为肢体动作、语言通常是一个人下意识的举动，所以，它很少具有欺骗性。在与人交往中，善于运用肢体语言的人更容易赢得爱情，获得成功。

坐不失礼，自信庄重而不失优雅

老人教育儿女时常说“站有站相，坐有坐相”，就是说一个人无论站立还是坐着都要顾及自己的形象。一个完美的坐姿，在任何场合都会为你增色。

对坐姿的要求是“坐如钟”，即坐相要像钟那样端正稳重。端庄优美的坐姿，会给人以文雅稳重、自然大方的美感。

坐姿的基本要领是，入座时走到座位前，转身后把右脚向后撤半步，轻稳坐下，然后把右脚与左脚并齐，坐在椅上，上体自然挺直，头正，表情自然亲切，目光柔和平视，嘴微闭，两肩平正放松，两臂自然弯曲放在膝上，也可以放在椅子或沙发扶手上，掌心向下，两腿自然弯曲，两脚平落地面，起立时右脚先向后收半步然后站起。

一般来说，在商务应酬场合，要求男性两腿之间可有一拳的距离，女性两腿并拢无空隙。两腿自然弯曲，两脚平落地面，不宜前伸。在日常交往场合，男性可以跷腿，但不可跷得过高或抖动；女性大腿并拢，小腿交叉，但不宜向前伸直。最为常用的八种坐姿：

1. 正襟危坐式

又称最基本的坐姿，适用于最正规的场合。要求：上身与大腿，大腿与小腿，小腿于地面，都应当成直角。双膝双脚完全并拢。

2. 垂腿开膝式

多为男性所使用，也较为正规。要求：上身与大腿、大腿与小腿，皆成直角，小腿垂直地面。双膝分开，但不得超过肩宽。

3. 双腿叠放式

它适合穿短裙子的女士采用。（或处于身份地位高时场合）造型极为优雅，有一种大方高贵之感。要求：将双腿完全地一上一下交叠在一起，交叠后的两腿之间没有任何缝隙，犹如一条直线。双腿斜放于左右一侧，斜放后的腿部与地面呈45° 夹角，叠放在上的脚尖垂向地面。

4. 双腿斜放式

适用于穿裙子的女性在较低处就座使用。要求：双膝先并拢，然后双脚向左或向右斜放，力求使斜放后的腿部与地面呈45° 角。

5. 双脚交叉式

它适用于各种场合，男女皆可选用。要求是：双膝先要并拢，然后双脚在踝部交叉。交叉后的双脚可以内收，也可以斜放，但不宜向前方远远直伸出去。

6. 双脚内收式

适合一般场合采用，男女皆宜。要求：两大腿首先并拢，双膝略打开，两条小腿分开后向内侧屈回。

7. 前伸后屈式

女性适用的一种优美的坐姿。要求：大腿并紧之后，向前伸出一条腿，并将另一条腿屈后，两脚脚掌着地，双脚前后要保持在同一条直线上。

8. 大腿叠放式

多适用男性在非正式场合采用。要求：两条腿在大腿部分叠放在一起。叠放之后位于下方的一条腿垂直于地面，脚掌着地。位于上方的另一条腿的小腿则向内收，同时脚尖向下。

就座时，亦能体现出落座者有无修养。若是走向他人对面的座椅落座，可以用后退法接近属于自己的座椅，尽量不要背对自己将要与之交谈的人。为使坐姿更加正确优美，应当注意，入座要轻柔和缓，起立要端庄稳重，不可弄得座椅乱响，就座时不可以扭扭歪歪，两腿过于叉开，不可以高跷起二郎腿。若跷腿时悬空的脚尖应向下，切忌脚尖朝天。坐下后不要随意挪动椅子，腿脚不停地抖动。女士着裙装入座时，应用手将裙装稍稍拢一下，不要坐下后再站起来整理衣服。正式场合与人会面交谈时，身子要适当前倾，10分钟左右不可松懈，不可以一开始就全身靠在椅背上，显得体态松弛。就座时，不可坐满椅子，但也不要为了表示过分谦虚，故意坐在边沿上。坐势的深浅应根据腿的长短和椅子的高矮来决定，一般不应坐满椅面的2/3以上。当然，去拜访长辈、上司、贵宾时，自然不宜在落座后坐满座位。

若是只坐座椅的1/2，那么对对方的敬意无形中溢于言表。这是利用坐姿来表示对他人的敬意的重要做法。坐沙发时，因座位较低，亦要注意两只脚摆放的姿势，双脚侧放或稍加叠放较为合适。避免一直前伸，要控制住自己的身体，否则身体下滑形成斜身埋在沙发里，显得懒散。更不宜把头仰到沙发背后去，把小腹挺起来。这种坐相显得很放肆，又极不雅观。坐在椅子上同左或右方客人谈话时不要只扭头，这时尽量侧坐，上体与腿同时协调地转向客人一侧。

座位高低不同时，坐姿也有不同要求。

1. 低座位。轻轻坐下，臀部后面距座椅背约2厘米，背部靠座椅靠背。如果穿的是高跟鞋，坐在低座位上，膝盖会高出腰部，应当并拢两腿，使膝盖平行靠紧，然后将膝盖偏向对话者，偏的角度应根据座位高低来定，但以大腿和上半身构成直角为标准。

2. 较高的座位。上身仍然要正直，可以跷大腿。其方法是将左腿微向右倾，右大腿放在左大腿上，脚尖朝向地面，切忌右脚尖朝天。

3. 座位不高也不低。两脚尽量向后左方，让大腿和你的上半身成90° 以上角度，两膝并拢，再把右脚从左脚外侧伸出，使两脚外侧相靠，这样不但优雅，而且显得文静而优美。

【社交礼仪全知道】

无论何种坐姿，上身都要保持端正。端坐时，双手不宜插进两腿间或两腿下，而“4”字形的叠腿方式，或是用手把叠起的腿扣住的方式，则是绝对禁止的。有失优雅风度的坐姿，如把脚藏在座椅下，甚至用脚勾着座椅的腿，都是不礼貌的举动，均应避免。

站不失仪，端庄大方而不失平和

站立是人们商务应酬中的一种最基本的仪态。良好的站姿是

“站如松”，是说人的站立姿势要像松树一样端直挺拔。正确健美的站姿会给人以挺拔笔直、舒展大方、精力充沛、积极向上的印象。

站姿的基本要领是：两脚跟相靠，脚尖分开45°~60°，身体重心放在两脚上。两腿并拢立直，腰背挺直，挺胸收腹。抬头挺直脖颈，双目向前平视，嘴唇微闭，面带微笑，微收下颌。

站立时要注意：端正直立，不要无精打采、耸肩勾背、东倒西歪，不要倚靠在墙上或椅子上，在正式场合，不要将手插在裤带里或交叉在胸前。不抖腿，不摇晃身体，不东歪西靠，不要挺肚子，以免形体不雅观。由于性别方面的差异，男女的基本站姿又各有一些不尽相同的要求。对男子的要求是稳健，对女子的要求则是优美。

站姿可以随着场合进行调整。同别人交谈时，如果空着手，可双手在体后交叉，右手放在左手上。若身上背着背包，可利用背包摆出优雅的站姿。向长辈、朋友、同事问候或做介绍时，无论握手或鞠躬，双足应当并立，相距约10厘米，膝盖要挺直。等车或等人时，两足的位置可一前一后，保持45°，肌肉放松而自然，并保持身体的挺直。如果站立时间过久，可以将左脚或右脚交替后撤一步，其身体重心置于另一只脚上。但是上身仍需直挺，脚不可伸的太远，双腿不可叉开过大，尤其女性应当谨记，变换也不可过于频繁。双腿交叉，即别腿，也不美观。总之，站的姿势应该是自然、轻松、优美的，不论站立时摆何种姿势，只有脚的姿势及角度和手的位置在变，而身体一定要保持绝对的挺直。

在需要下蹲的时候，女士下蹲不要翘臀，上身直，略低头，双腿靠紧，曲膝下蹲，起身时应保持原样，特别穿短裙下蹲时更不要翘臀。对男士没有像对女士那样严格的要求，但也应注意动作的优雅。

保持优美站姿的注意事项：

1. 脊椎挺直，肩膀放松——站立时，背部脊椎务必挺直，头部拉高，下巴微缩，肩膀放松，使脖子到肩膀呈现自然优美的线条。

2. 随时提臀，收缩小腹——无须刻意挺胸翘屁股，站立时只要让自己的身体与地面垂直，腹部肌肉紧缩，让臀部出现紧实感，身体重量平均分布于两脚，即可达到仪态优雅与雕塑身体的效果。

3. 保持稳定，切忌摇晃——站姿不正确会让你有种手足无措手脚不知该放在哪里的感觉。请将双手自然下垂，调整呼吸，身体保持稳定状态，如此以来，你就可以站得很自然很舒服。切记！避免摇晃或抖动手脚，否则会给人一种轻浮的感觉。

4. 肩膀放松，收缩小腹——站立时身体不可过于僵硬，肩膀微微往后及向下放松，切记！一定要收缩小腹。

5. 手轻放在腰际间——单手轻放在腰际间，另一只手则自然下垂，显示出自信十足的感觉。

【社交礼仪全知道】

站立时，重心应放在单脚上，另一只脚交叉在前——想要站得有女人味，就必须将身体重心放在单脚上。另一只脚交叉在前侧或放在斜后方，脚踝脚背尽量下压（千万注意，不要“内八”），稍微侧身，让身体呈现S形的线条，可为你增添几许妩媚感。

行要从容，沉着稳重中凝聚气场

除了站姿，走姿也不容忽视。人们对走姿的理想要求是“行如风”，即走起路来像风一样轻盈。当然，不同情况对行走的要求是不同的。一般来说，标准的行走姿势，要以端正的站立姿势为基础。

基本要领是双目向前平视，面带微笑收下颌。上身挺直，头正、挺胸收腹，重心稍前倾。手臂伸直放松，手指自然弯曲，摆动时要以肩关节为轴，上臂带动前臂向前，手臂要摆直线，肘关节略屈，前臂不要向上甩动，向后摆动时，手臂外开不超过30°。前后摆动的幅度为30~40厘米。

走路时姿势美不美，是由步度和步位决定的。步度，是指行走时两腿之间的距离。步度一般标准是一脚踩出落地后，脚跟离未踩出一脚脚尖的距离恰好等于自己的脚长。身高超过1.75米以上的人的步度约是一脚半长。步位，是指你的脚下落到地上时的位置。走路时最好的步位是两只脚所踩的是一条直线而不是两条平行线。

走路用腰力，要有韵律感。如果走路时腰部松懈，就会有吃重的感觉，不美观；如果拖着脚走路，更显得没有朝气，十分难看。要保持优雅的步姿可以记住以下几句口诀：“以胸领动肩轴摆，提髋提膝小步迈，跟落掌接趾推送，双眼平视背放松。”走路的美感产生于下肢的频繁运动与上体稳定之间所形成的对比和谐，以及身体的平衡对称。要做到出步和落地时脚尖都正对前方，抬头挺胸，迈步向前。

我们把走路应有的原则归纳成以下几项：

1. 上半身应保持正直、下巴后收、两眼平视、胸部突起、腹部后收、两腿挺直、双脚平行。

2. 将要跨出的一脚，应当先提起脚跟，再提起脚掌，最后脚尖离地，跨出的一脚，应当脚尖先落地，然后脚掌落地，最后脚跟落地。

3. 一脚落地时，臀部轻微扭动时摆度不可太大，当一脚跨出时，肩膀跟着摆动，但要自然轻松。让步伐和呼吸配合成有韵律的节奏。

4. 穿礼服、长裙或旗袍时，切勿跨大步，显得很匆忙。穿长裤时，步幅放大，会显出活泼与生动。但最大的步幅不超过脚长的2／3。

【社交礼仪全知道】

走路时应注意，最忌内八字和外八字；不要弯腰驼背、歪肩晃膀；不要步子太大或太碎；走路时不要大甩手，扭腰摆臀，左顾右盼；上楼不宜低头翘臀，下楼不宜连蹦带跳；不要双腿过于弯曲，走路不成直线；不要脚蹭地面；不要双手插裤兜；多人一起行走不要排成横队；有急事要超过前面的行人，不得跑步，可以大步超过并转向被超越者致意道歉。

行为举止，恰到好处又彬彬有礼

行为举止体现一个人的修养，商务人员在应酬中要做到行为文明、举止得当。交谈和出席任何场合都要符合一定的标准，注意细节，才能给别人留下好的印象。长期以来人们在举止方面有约定俗成的规则，基本要求是人们的言行举止在不同场合要使用得当。

1. 应酬中的礼貌举止

礼貌举止有点头、举手、起立、鼓掌、拥抱。具体要求有如下几方面：

（1）点头

这是一种最常见的礼貌举止，经常用于与熟人打招呼。用点头来打招呼时，点头者应用眼看着对方，面部略带微笑，等对方有表示时再转向他方。点头打招呼也可以在较大的迎送场合使用，当迎送者较多或距离较远时可以用点头表示敬意，也可以点头和握手配合使用。

（2）举手

这是一种与对方较远或交臂而过时间仓促时的打招呼方式，也是一种常见的礼貌行为。由于条件所限，举手打招呼是最合适的，这种方式不但可以表示认出对方，而且还可以在短距离内表达你的敬意。

（3）起立

这是一种在较正式场合使用的，位卑者向位尊者表示敬意的礼貌举止。常用于集会时对报告人到场或重要来宾莅临时致敬。

（4）鼓掌

这是在社交场合表达赞许或向别人祝贺等感情的礼貌举止。正式的商务应酬场合，重要人物出现、精彩演讲或表演结束皆可鼓掌。

（5）拥抱

这是传达亲密感情的礼貌举止。在国外，特别是欧美国家应用广泛。我国通常用于外交活动中的迎来送往场合，偶尔也用于久别重逢、误解消除等难以用语言来表达强烈感情的特殊场合。

2. 应酬中，在举止上要有涵养

有些人虽然仪表堂堂或是漂亮异常，但是一举手投足便显俗气，令人生厌。因此，生意人要想在商务应酬中给人留下美好而深刻的印象，外在美固然重要，而高雅的谈吐和举止则更让人喜爱。

要想举止有涵养，就要做到：站有站相、坐有坐相、走有走姿，这样你的一言一行才能做到彬彬有礼、恰到好处。

从现在开始，请刻意去锻炼出你优雅的举止，将高雅的一面充分展示出来，会使你的形象高出几分。

【社交礼仪全知道】

在平时有意识地锻炼自己，养成良好的行为姿态，坚持下去。你也可以做到举止端庄、优雅得体、风度翩翩。

适时反省，避免不当的行为言语

在日常生活和商务往来中，人们需要掌握一些必备的礼仪，但也要有所禁忌。那么，在应酬中，如下这些事你不该做：

1. 在人前打呵欠

在商务应酬场合，打哈欠给对方的感觉是：你对他不感兴趣，表现出很不耐烦了。因此，如果你控制不住要打哈欠，一定要马上用手盖住你的嘴，跟着说“对不起”。

不要以为你疲倦了打个呵欠是很自然的，但是，对方永远都不会这么想。

2. 在人前掏耳挖鼻

在商务应酬中，无论如何，都不可在人前掏耳挖鼻。这个不雅的举动往往令对方感到恶心和反感，而且还会让人感到你很傲慢、不懂礼貌。如果真的是痒得难以忍受，不妨暂时离开并表示歉意，这样既能解决自己的“难言之隐”，又不失礼仪。

请记住，不要以为掏耳挖鼻是个小动作，但是，对方却可以将其无限放大。

3. 在他人面前抖动双腿

在商务应酬的场合，经常有人在坐着的时候，双腿犹如痉挛般地不停颤动，还会带动座椅摇动影响他人，让人反感，这种丝毫不顾及他人感受的举动是不文明的举止，必须注意这一点。

试问，谁会喜欢这种举止的人？双腿颤动不停，不但令对方视线不舒服，而且也给人以情绪不安定的感觉。

在抖动腿的一刻，你的仪表再潇洒也会在瞬间荡然无存了。

4. 拨弄头发

留着长发的人，在商务应酬时，常常会不自觉地拨弄头发，但这种习惯，会令人产生不尊重的感觉。因此，一定要避免。

5. 频繁使用手机

手机是现代人们生活中不可缺少的通信工具，如何通过使用这些现代化的通信工具来展示现代文明，是生活中不可忽视的问题。如果事务繁忙，不得不将手机带到商务应酬场合，那么你至少要做到以下几点：将铃声降低，以免惊动他人。铃响时，找安静、人少的地方接听，并控制自己说话的音量。如果在车里、餐桌上、会议室、电梯等地方通话，尽量使你的谈话简短，以免干扰别人。如果下次你的手机再响起的时候，有人在你旁边，你必须道歉说“对不起，请原谅”。然后走到一个不会影响他人的地方，把话讲完再入座。如果有些场合不方便通话，就告诉来电者说你会打回电话的，不要勉强接听而影响别人。

另外，还要注意，在应酬中，男士应表现出刚劲、强壮、英勇和威武之态，给人一种强壮的美感，而不要忸怩作态。阳刚的表现不等于粗野，满口脏话，衣冠不整，不拘小节，也不是故作姿态、装腔作势，这样是“粗野”，是一种缺少教养的表现。良好的表现是要在交际中自然大方、从容不迫、谈笑自如，说话和气、文雅谦逊，尊重别人。而当男士以主人的身份出现时往往是社交成败的关键，他要热情地接待每一位来访者。对来访者相见时，要热情地握手问候，分别时要礼貌道别。

在应酬中女士则要表现得举止优雅得体，要表现出女性的温柔、娴静、典雅之美，动作要轻柔自如，经常面带微笑，笑容自然，使人感到亲切友善。在公开社交场合，女士举止应自然大方，不要忸怩作态，不要轻佻，更不可挤眉弄眼，过分地装出一副笑脸，给人的感觉就如同献媚。在青年男女共同社交场合，女子之间切忌交头接耳窃窃私语，以及发出一些使人莫名其妙的笑声。女士担任主人的职务时应注意男士的处境，当一位男士身处几位女士之中，他会感到不自然。这时女主人应主动“出击”，找出共同话题。

在商务应酬中，除了需要避免不文明举止外，与人交谈时还应该注意交谈时双方的距离。距离过近或过远都会有失礼貌。距离过远，会使交谈者误认为不愿与之接近，有拒人千里之外的感觉；距离过近，稍有不慎就会把唾沫溅到别人脸上，或者口中、身上的异味被别人闻到，令人生厌。如果对方是异性，对距离的保持不适当，还会使之戒备或者被他人误会，特别是未婚男性与未婚女性之间。如果男性有吸烟史或口臭等口腔之疾，更要注意自己的形象，不要忘乎所以地谈论，要考虑别人的感受。那么，与人交谈时到底保持怎样的距离才算合适呢？这要根据具体情况而定，一般礼貌距离是0~45厘米为亲密距离，45~120厘米为熟人距离，120~300厘米为社交距离，300~800厘米为公众距离。

【社交礼仪全知道】

当女士被男士邀请时，不要断然拒绝或含糊其辞，如不能赴约，应给予解释或婉言谢绝，更不可出言不逊，使人难堪。

沟通小秘诀：话到嘴边留三分

商务应酬没有城府不足以立世，含蓄来自自我控制的黑白转化之功。如果能够像冰山一样只露出一角，让人摸不透你的心思，不但你会自保无虞，而且还具有强大的威慑力。要做之事莫讲出，说出的话莫照做，让人无法掌握、摸透你的深浅，此为黑白不倒翁之法宝。

第五章

职场有道：有礼有“距”，完美融入团队

成功的职业生涯并不意味着你一定要才华横溢，更重要的是你在工作中掌握一定的职场技巧，用一种恰当合理的方式与人沟通和交流，这样你才能在职场中赢得别人的尊重。学会职场社交礼仪，将使你的职业形象大为提高，会使你在工作中左右逢源，事业蒸蒸日上，做一个成功的职业人。

举止得体，办公室里的仪表言行

办公室的人员是一个集体，无论是对本单位还是外来人员，都应体现一个集体的每个成员对他人、对社会的尊重和责任心。一个企业待人接物的礼仪水平，正是从每个职工的言行举止中体现出来的。因此，每个员工都应牢记，自己的言行代表着企业的形象，应自觉地遵从办公室礼仪。

在办公室遵守最起码的礼仪，不仅是对同事的尊重，更是每个人为人处事，内涵修养的最直接表现。办公室礼仪涵盖的范围很广，比如电话、接待、会议、网络、公关、沟通等都有一定的讲究。不过，仍有很多职场新人对这些并不了解或并不放在心上，从而忽略了其人生历程中本应知道、了解和做到的一些细节。

1. 仪表端庄，仪容整洁

在办公室工作，服饰要与之协调，以体现权威、声望和精明强干为宜。

男士最适宜穿白衬衣，黑、灰、蓝三色的西服套装，扎领带。衬衣的下摆一定要扎入裤腰里，应穿深色的皮鞋，服装必须干净、平整，不应穿花衬衣、拖鞋、运动服上班。不留胡须，不留长发，头发梳理美观大方，才能衬托出本人良好的精神状态和对工作的责任感。

女士上班应着西服套裙或连衣裙，颜色不要太鲜艳、太花哨。上班不宜穿太暴露、过透、太紧身的服装或超短裙，也不能穿奇装异服、休闲装、运动装、牛仔装等。应穿皮鞋上班，皮鞋的颜色要比服装的颜色深。应穿透明的长筒丝袜，袜口不能露在裙口下，不能有钩破的洞。不应穿凉鞋、旅游鞋上班。佩戴首饰要适当，符合规范。发型以保守为佳，不能新潮。最好化淡妆上班，以体现女性端庄、文雅、自尊自重的形象。

2. 言语友善，举止优雅

办公室工作人员的站坐行走，举手投足，目光表情，都能折射出一个人良好的文化素养、较强的业务能力和工作责任心，同时也体现了企业的管理水平。

真诚微笑是一般社交场合最佳心态的表现。微笑是一种无声的语言，它是对自己价值的肯定，对他人的宽容和友善，是稳重成熟的表现。微笑是自信、是真诚、是自尊、是魅力的体现。上班时与同事、领导微笑问好，下班微笑道别。接人待物、邀请、致谢都应有真诚的微笑。在办公室里对上司和同事们都要讲究礼貌，不能由于大家天天见面就将问候省略掉了。“您好”“早安”“再会”之类的问候语要经常使用，不厌其烦。不要把喜怒哀乐都流露于脸上，否则会让人感到你不够成熟、自控力不强。

在办公室讲话时话语要谦和，声音要轻，不能在办公室、过道上大声呼唤同事和上级，无论是对同事、上级还是来访者，都应使用文明用语。在办公室里，说话不要刻薄，与同事开玩笑要适度，不能挖苦别人、恶语伤人，更不能在背后议论领导和同事。

公司职员的行为举止应稳重、自然、大方、有风度。走路时身体挺直，步速适中、稳重、抬头挺胸，给人留下正直、积极、自信的好印象。不要风风火火、慌慌张张，让人感到你缺乏工作能力。坐姿要优美，腰挺直，头正，不要趴在桌子上，歪靠在椅子上。有人来访时，应点头或鞠躬致意，不能不理不睬。工作期间不能吃东西、剪指甲、唱歌、化妆，与同事追追打打有失体面。谈话时手势要适度，不要手舞足蹈，过于做作。

对在一起工作的女同事要尊重，不能同她们拉拉扯扯、打打闹闹。在工作中要讲男女平等，一切按照社交中女士优先原则去做，未必会让女同事高兴。

办公时间不要离开办公桌、看书报、吃零食、打瞌睡，不要长时间接听私人电话，更不要坐在办公桌上办公或将腿整个跷起。避免口衔香烟四处游荡，不要与同事谈论薪水、升降或他人隐私。遇到麻烦事，要首先报告给顶头上司，切莫诿过或越级上告。切勿在老板面前打小报告。

去别的办公室拜访同样要注意礼貌。一般需要事先联系，准时赴约，经过许可，方可入内。在别的办公室里，没有主人的提议，不能随便脱下外套，也不要随意解扣子、卷袖子、松腰带。未经同意，不要将衣服、公文包放到桌子和椅子上。公文包很重的话，则放到腿上或身边的地上。不要乱动别人的东西。在别的办公室停留的时间不宜太久。

3. 恪守职责，高效稳妥

公司职员应树立敬业爱岗的精神，努力使自己干一行、爱一行、钻一行，以饱满的工作热情、高度的工作责任心，开创性地干好自己的工作。工作中一丝不苟，精益求精，讲究效率，减少或杜绝差错，按时、按质、按量完成每一项工作。领导交给任务时，应愉快接受，做好记录，确保准确。然后认真办理，及时汇报。恪尽职守，严守机密。

身为办公室成员，尤其是管理层的职员，难免要会见客户或约见同仁。因此，必须懂得办公室会客礼仪。

通常来讲，凡身份高的人会见身份低的人称为接见；身份低的人会见身份高的人称为拜会。接见和拜会在我国统称为会见。

会谈是指双方或多方就某些重大的政治、经济、文化、军事问题以及其他共同关心的问题交换意见，它的内容较为正式，专业性比较强。在涉外活动中，东道主大都会根据外国来访者的身份和访问的目的，安排相应的有关部门负责人与之进行礼节性会见。若是涉及专业问题，则需要双方进行相应的正式会谈。

现今高速发展的社会中，预约通常是会见对方的确保手段，想要拜会一方，应提前将自己的姓名、职务通知对方。接到要求的一方应尽早予以答复，无故拖延，置之不理是欠妥的，是不礼貌的。如不能如期会见，应向对方解释，会谈亦如此。

在接到要求方同意对方要求时，可主动将会见或会谈时间、地点、人员通知对方。会见与会谈地点一般都设在会客室或办公室。

会见中座位的安排是这样的：主人坐在左边，主宾坐在右边，译员和记录员坐在主人和主宾的后面。双方其他人员各自按一定的顺序分别坐在左右两侧，主方为左，客方为右。座位不够可在后排加座。

双方会谈时一般使用长方形的桌子，宾主相对而坐，各自坐在桌子的一边，以正门为准，主人占背门一侧，客人面向正门。主人与主宾应坐在正中间，译员坐在交谈人右侧，其他人按礼宾顺序左右排列，记录员可安排在后面。有的国家把译员也安排在后面。

如会谈桌的一端对着正门，应以进门的方向为准。右为客方，左为主方。

小范围的会谈可不摆放会谈桌，按照会见时座位的排列摆放沙发即可。举行多边会谈时，可把座位摆成圆形或正方形，使其无尊卑可言。

主人应在会见或会谈开始之前到达，可以在正门门口迎候客人，也可以在会客室的门口迎候，由工作人员负责把客人引入会客室，待宾主双方进入会客室后，工作人员负责关好门并退出现场。若安排会见或会谈的双方合影留念，应在宾主见面握手之后。合影完毕，主人请客人首先入座或双方一起就座，主人不可以自己抢先坐下。会谈或会见结束时，主人应将客人送至车前或门口握别，目送客人离去后再退回室内。

会见、会谈座位的排列十分重要。所以，在会见前要提前在现场备好与会人员的中外文（依实际情况而定是否要备英文）的座位标签。

在会见或会谈中，旁人不要随意进出。主谈人交谈时，其他人员不得交头接耳，或翻看与此无关的材料。不允许打断他人的发言，或使用人身攻击的语言。

【社交礼仪全知道】

在正式的办公场所，即使是见到了老朋友，也不要因为太熟而随意懈怠，还是要礼貌地握手，微笑着打招呼问候。

互帮互助，做同事的最佳搭档

同事是与自己在一起工作的人，与同事的关系是否融洽，直接关系到自己事业的进步与发展，影响每天的心情。同事之间关系融洽、和谐，人们就会感到心情愉快，有利于工作的顺利进行。反之，同事间如果经常发生摩擦，关系紧张，甚至相互拆台，就会影响到正常的工作和生活，阻碍事业的正常发展。

处理好同事关系，在礼仪方面应注意以下几点：

1. 尊重同事

相互尊重是处理好人际关系的基础，同事关系也不例外，同事关系与亲友关系不同，它是以工作为纽带的，一旦失礼，创伤不易愈合。所以，处理好同事之间的关系，最重要的是尊重对方。

2. 物质往来要清楚

同事之间可能有相互借钱、借物或馈赠礼品等物质上的往来，但每一项都要清楚明白，即使是很小的款项也应及时归还，以免引起误会。向同事借钱或借物，如果所借钱物不能及时归还，应提前向对方说明。在物质利益方面无论是有意或无意占对方的便宜，都会给对方造成不快，从而降低自己在对方心目中的形象。

3. 关心同事

当同事遇到困难，作为同事，你应主动问询。对于力所能及的事应尽力帮忙。这样，不仅会增进双方的感情，还使关系更加融洽。

4. 对于失误或误会，主动道歉说明

同事之间经常相处、合作，难免会出现这样那样的失误。一旦出现失误，应该找机会主动向对方道歉，以取得对方的谅解，不可小肚鸡肠，耿耿于怀。

5. 不议论同事的隐私

每个人都有自己的“隐私”。通常，隐私与个人的名誉密切相关，背后议论他人隐私是不道德的行为，不仅会损害他人的名誉，导致双方关系紧张甚至还可能进一步恶化，因而任何时候都不要议论别人的隐私。

在力所能及的范围内帮助别人

刚刚步入职场的新人都会有一种依赖心理，工作中遇到困难总希望得到同事们的相助，如果同事正在忙其他的事而无暇顾及，或者表示出无能为力的态度，就会不高兴，认为同事们对自己不好，不关心自己。这样的想法其实是很不成熟的。

大学毕业后，小A进入一所大公司就职。但他对他的搭档极其不满：一项任务，其他各组早就完成了，自己也完成多时，可自己搭档至多完成一半。因此，他常常因为搭档的失误而遭受同样的斥责。苦恼的小A向他的老师诉说了这一切。

老师对小A说："相信我，孩子！你的努力绝对有人看得见！"这是老师给小A的启示。

一年后，小A告诉老师，他已经被提升为销售部经理了。

要想得到同事的帮助，就要在平时多帮助同事。工作中，每个人都是各司其职，没有人愿意甘当无私奉献者，同事也没有义务只负责帮助你解决问题。不要只喜欢接受帮助，而不愿意付出，不要觉得别人的帮助都是应该的。在得到别人的帮助的同时，自己也应想一想，多寻找机会帮助对方，这样才能赢得同事的喜爱和尊重。

人际关系心理学家认为：互惠互利是人际交往的基本原则。互惠互利原则，既包括物质方面的，也包括精神方面的。受传统观念影响，人们在交往中更愿意谈人情，而忌讳谈功利。事实上，人与人之间的交往需求是多层次的，在交往中，有时是为了满足物质需求，有时则是为了满足精神需求。换言之，人际交往的最基本动机，就在于希望从交往对象那里获取自己需求的精神上的或物质上的满足。所以，按照人际交往互惠原则，良好交际应采取的策略是既要感情，也要功利。

互惠互利，是人际交往的一个基本原则。在交往中，要时时想到互惠这条基本原则，在交往中积极付出，这样就能满足交往对象的需要。有句话说得好："将欲取之，必先与之。"只有你帮助了同事，才能得到同事们更多的帮助。

与同事们互帮互助，还要记住一点。帮助同事是自然而然的事，没有必要把你对某个同事的帮助大肆宣扬出去，搞得人人皆知，这样的做法是不好的。

宣扬自己的帮助，也就等于贬低对方的无能，在众人之下宣扬，更是显露出浅薄、不可一世的“丑态”。如果你总是将自己对同事的每一笔帮助都像账目一样记载得详详细细，不管大赞助还是帮小忙，逢人便拿出来说说，相信以后再不会有人向你请求帮忙了。因为你对这样的帮助如此管理，让别人望而生畏，觉得求你帮助就要日后还情，一旦疏忽或是健忘，还要忍受你的提示，在大庭广众之下接受“我的帮助竟然被这个粗心的家伙忘得一干二净”的宣布，这样的“教训”可不是人人都喜欢的。

帮了别人的忙，就觉得有恩于人，于是心怀一种优越感，高高在上，不可一世，这种态度是很危险的。所以，给对方提供帮助，应该注意下列事项：

1.不要故意向对方表示你的帮助和显示自己的功劳

“我是在帮助你，日后你也得给我点好处。”这样“帮助”就变成了“交易”，自然别人的心里就会有种负担。

2.帮助要做得自然

也就是说在当时对方或许无法强烈的感受到，但是日子越久越体会出你对他的关心，能够做到这一步是最理想的。在别人有困难的时候，能够伸出援助之手，是一种境界；在别人陷于困境的时候，能够悄无声息地予以全力帮助，小心地把自己的优越感掩藏起来，给受助者创造一个机会，而且巧妙得让对方竟然可以认为这种帮助是理所当然的，这是更高的思想境界。

3.帮忙时要高高兴兴，不可以心不甘、情不愿的如果你在帮忙的时候，觉得很勉强，意识里存在着“这是为对方而做”的观念，假如对方对你的帮助毫无反应，你一定大为生气，认为“我这样辛苦地帮你忙，你还不知感激，太不识好歹了”，如此的态度甚至想法都是不可取的。

如果对方也是一个能为别人考虑的人，你为他帮忙的种种好处，绝不会像打出去的子弹似的一去不回，他一定会用别的方式来回报你。对于这种知恩图报的人，应该经常给他些帮助。

总之，人际往来，帮忙是互相的，且不可像做生意一样赤裸裸地，一口一个“有事吗”“你帮了我的忙，下次我一定帮你”。忽视了感情的交流，会让人兴味索然，彼此的交情也维持不了多长时间。

【社交礼仪全知道】

做同事的好搭档，就要多帮助同事，替同事分担一些困难、解决难题。与同事交往，对别人多一份关心，多一份相助，当你需要别人帮忙时，别人自然也愿意帮助你。

灵活机动，接听电话以声传情

常言道，会说的不如会听的。就是说你不仅要学会聆听，更要能听出对方的话外音。很多时候，人们都是话里有话。如果你不用心，就会给沟通带来一定的障碍。这也是为什么有的人可以褒电话粥一两个小时，而有的人三言两语就急于挂断电话。

生活中用电话联系是常态，多是亲朋好友，只要我们尊卑有序，有礼有节就好。在商务活动中，接听电话可就要讲究一定的策略了。

一、商务电话接听条例

1. 电话铃声响两声后，必须接听。如果超过三声铃响，再接电话，必须先说“对不起”或“对不起，让您久等了”。

2. 接听电话首先应该说“你好”或“您好”。

3. 接听电话时必须保持足够的耐心、热情。注意控制语气、语态、语速、语调，语言亲切简练、礼貌、和气。要具有自己就代表公司的强烈意识。

4. 要仔细倾听对方的讲话，一般不要在对方话没有讲完时打断对方。如实在有必要打断时，则应该说：“对不起，打断一下。”

5. 对方声音不清楚时，应该善意提醒“声音不太清楚，请您大声一点”。

6. 如电话打进来了，对方要找的同事不在，礼貌的做法是先向对方说明情况，再询问对方名字，并考虑如何处理；如果要求对方不要挂断时，一定要不断向对方打招呼，表示你还在照顾这个电话，同事回来后，立即转告并督促回电。接线员要做好详细的电话记录。

7. 转接电话时，首先必须确认同事在办公室，并提醒“请稍等”。

8. 转接电话时，按键应该短促干脆，不要过长时间按着（一般不超过一秒钟），拨完分机号码后，轻轻挂上电话。

9. 谈话结束时，要表示谢意，并让对方先挂断电话。不要忘了说再见。

10. 如果谈话所涉及的事情比较复杂，应该重复关键部分，力求准确无误。

二、如何处理找领导的电话

1. 若熟人找领导且领导在的话，就立即转告，让领导接电话。当需要把电话转给领导时，在传达电话前，要清楚表达“××公司×先生打来的电话”，同时，要把从对方得到的消息，简洁、迅速地传给领导，以免对方再重复一次，同时让你的领导有个思想准备。

2. 若是领导不愿接的电话，对于需要搪塞的场合，则应灵活应付，恰当地把握讲话的分寸，按领导意图妥善处理。有时需要机智巧妙一些，避免让领导接听他不想接的电话。秘书有责任让领导避开浪费时间的又不必要的电话，有责任辨别领导乐于和哪些人通电话，并应通晓如何巧妙地对待他人。如说“对不起，先生。领导刚离开办公室”或“我不知何时能找到他”。

3. 若领导正忙或已出差无法接电话时，可让对方留话，表示会主动联系他。

4. 若对方要求找其他人通话时，应马上帮助传达。

5. 若对方要找的人不在时，应温和地转告对方，并可主动提出是否需要帮助，是否可找别人讲话以及对方的电话号码等，以便再与其联络，绝不要简单回答“他不在”，这样会显得鲁莽而无礼。要是对方有留言，必须记住留言内容：何时何人来的电话，有何要事，需要回电话吗，回电话的对象是谁，如何称呼，是否再打过来，对方电话号码等。记完后要复述一遍，并告其请放心，一定转告。然后把留言条放到办公桌上，以便他回来时能看到。

【社交礼仪全知道】

接听电话时要始终保持脸上的笑容。你的笑容对方能够感知。如果确实需要严肃对待的事，那也要保持平静，以免给对方造成压抑感。

商务来访，必须掌握的接待原则

接待或拜访已成为职场人士一项经常性的工作。在接待和拜访中的礼仪表现，不仅涉及自己的形象，还直接关系到企业的形象。所以，接待来访者的礼仪必须受到重视。

对于来访者，你应起身握手相迎，对上级、长者、客户来访，要起身上前迎候。对于不是第一次见面的同事、员工，可以不起身，但不能让来访者坐冷板凳。如果自己有事暂时不能接待来访者，要安排助理或相关人员接待客人，不能冷落了来访者。

来访者都是因为有事而来，因此要尽量让来访者把话说完，并认真倾听来访者的叙述。对来访者的意见和观点不要轻率表态，应思考后再做决定，对一时不能作答的，要约定一个时间后再联系。对能够马上答复的或立即可办理的事，应当场答复，迅速解决，不要让来访者等待，或再次来访。

正在接待来访者时，有电话打来或有新的来访者，应尽量让助理或他人接待，以避免中断正在进行的接待。对来访者的无理要求或错误意见，应礼貌地拒绝，而不要用言语刺激来访者，以免令其尴尬。要结束接待时，可以婉言提出借口，也可用起身的体态语言告诉对方本次接待就此结束。

如果你是一名助理，难免会遇到一些不请自来的“不速之客”。那么，该如何有效地应对才能既显示出我们的礼貌，又不会因此而影响工作呢？

“不速之客”可能是客户或同事。我们要根据其不同身份，采取不同的应对措施。

1. 领导的上级或客户来访

应该热情地请他们到会客室就座，并给他们倒上一杯茶，可以说“您稍等一下，我看一下×××在不在”，并马上告诉领导，再按领导的指示接待、安排。

2. 领导的亲朋

请他们到会客室就座，并马上通知领导，再按领导的指示接待。

3. 公司内部的管理人员

他们如果说有急事要见领导的话，你绝对不应该这时候拿腔拿调，而是要马上通报，以免误事。

4. 推销员

这类人员我们可能遇到的最多。这时候你就要先让他们稍等，然后打电话给相关部门。如果相关部门有意向或是事先有约的话，就要指引他们过去。如果那些推销员坚持要见领导，这有两个可能：一是确实和领导有约；二是从没约定，只是他觉得见领导可能更益于他的推销工作，而不去考虑是否因此耽误了别人的工作（绝大部分都是这种）。这时候，也没必要黑脸推辞，可以委婉地让他们把材料留下，回头请领导过目。领导如果感兴趣，会及时主动和他们联系。

5. 客户

有些客户来访的问题，是很简单的，根本不需要领导出面就可以解决。所以，作为助理这时候就要显示出“分担领导工作”的本能了。你可以介绍他们去找相关部门的主管或相关人员交涉。你应该先替他联系一下，然后再向他指明该部门的名称、位置。如果不好找，最好能引领客人去。

6. 其他不速之客

这种情况，你就要先请对方报上姓名、单位、来访目的等基本信息后，再去请示领导，由领导自己决定是否会见。

由此可见，应对不速之客的基本方式，还是要多“请示”，不要擅自主张，以免不小心得罪了公司的大客户或是得罪了领导的私人关系。

【社交礼仪全知道】

在接待来访者时要平等待人，不论其是否有求于自己；在回答来访者提出的问题时要心平气和，始终面带笑容。

团队相处要义：心直口快不可取

常言道："病从口入，祸从口出。"有的人总是心直口快爱得罪人。了解你的人认为你是真性情、率真，不了解你的人会认为你胸无城府、不成熟。虽然是说者无心，但听者有意。因此，话到嘴边留三分是必须修炼的功课。在社会大家庭，不是每个人都可接受你的小任性。在团队大家庭，你的一言一行必须充分考虑到其他人的感受。开口之前先站在别人角度考虑问题，切莫因一时口快而失了大体。

第六章

商务应酬：一张一弛，打造人脉大气场

一些成功的商业领袖之所以能在国际舞台上如鱼得水，一方面是因为他们卓著的成就，一方面是他们优雅得体的言谈举止，让他们看起来更加鹤立鸡群、出类拔萃。他们深谙国际商务礼仪，令他们在衣、食、住、行中的每一细微处都透出十足的国际范儿，从而为他们自身营造出强大的人脉气场。

以茶待客，善尽地主之谊

茶是我们喜爱的饮料之一，也是商务应酬必备之物。在办公室接待来访者，茶水是必备的。专门举行茶话会招待来宾也是谈判活动中经常采用的方式。

为客人沏茶之前，首先要洗手，并洗净茶杯或茶碗，要特别注意茶杯或茶碗有无破损或裂纹。残破的茶杯、茶碗是不能用来待客的。还要注意茶杯、茶碗里有无茶锈，有的话，一定要清洗掉。茶具以陶瓷制品为佳。

沏茶前，可事先征求客人意见，是喜欢红茶、绿茶还是花茶。

茶水不要沏得太浓或太淡，每一杯茶斟得八成满就可以了。正规的饮茶，讲究把茶杯放到茶托上，一同敬给客人，杯把要放在左边。若是饮用红茶，可准备好方糖，请客人自取。

喝茶时，不允许用茶匙舀着喝，而应直接端起茶杯、茶碗喝。

上茶时可由主人向客人献茶，或由招待人员给客人上茶。主人向客人献茶时，应起立，并用双手把茶杯递给客人，然后说一声“请”。客人亦应起立，以双手接过茶杯，道以“谢谢”。不要坐着不动，任主人为自己张罗。添水时亦应如此。

由招待人员上茶时，要先给客人上茶，而后再给己方人上茶。若客人较多，应先给主宾上茶。上茶的具体步骤是：先把茶盘放在茶几上，从客人右侧递过茶杯，右手拿着茶托，左手轻附在茶托旁边。若茶盘无处可放，应以左手拿着茶盘，用右手递茶，注意不要把手指搭在茶杯边上，也不要让茶杯撞在客人手上，或洒客人身上。如果妨碍了客人的工作或交谈，招待人员要说一声“对不起”。客人则应对招待人员的服务表示感谢。

如果用茶水和点心一同招待客人，应先上点心。点心应给每人上一小盘，或几个人上一大盘。点心盘应用右手从客人的右侧送上，待其用毕，即可从右侧撤下。

不论是主人还是客人，喝茶时只宜小口仔细品尝，切忌大口吞咽，发出声响。遇到漂浮在水面上的茶叶，可用杯盖拂去，或轻轻吹开，不可用手从杯中捞出扔在地上，也不要吃茶叶。

我国旧时有以再三请茶作为提醒客人应当告辞的做法，因此在招待老年人或海外华人时要格外注意，不要一而再、再而三地劝其饮茶，要充分尽好地主之谊，以免产生误会。

下面，我们来简要说说功夫茶。饮功夫茶一般以3人为宜，比较考究的是选用宜兴产的小陶壶和白瓷上釉茶杯，这种茶杯口径很小，如同小酒杯。除了泡制需要功夫外，饮茶也需要费功夫。功夫茶操作起来需要一定的功夫。此功夫，乃为沏泡的学问，品饮的功夫。工夫二字，要在水、火、冲工三者中求之。水、火都讲究一个活字，活水活火，是煮茶的要诀。

饮功夫茶的步骤要求很严格，一般来说，正式场合饮“功夫茶”有11个步骤：

1. 嗅茶

这个步骤主要是向客人介绍茶的品色，展示茶的品种，以及介绍该茶的特点及风味。

2. 温壶

温壶是沏茶的第一步骤。平时应该检查茶具有无缺损，如有要及时更换。茶具完好即将少量开水冲入茶壶中，然后将水倒入茶船。

3. 装茶

用茶匙把茶叶装入茶壶中，这样可以避免手中气味混入茶中。一般来讲，茶叶的装入量以半壶为宜。

4. 润茶

用沸水冲入壶内，待壶满后用特别的竹筷子刮去壶面的茶沫，将水倒入茶船。

5. 冲泡

冲泡才是正式泡茶。注意泡茶要用开水，但不要用煮沸的开水。

6. 浇壶

泡好茶之后，盖上壶盖，为了使壶内壶外的温度一致，要在壶身外也浇上开水。

7. 温杯

在泡茶的间隙过程中，利用这段时间用茶船中温茶润茶的水，漫浇一下小茶盅。

8. 运壶

茶泡好后，倒茶前，应将茶壶提起在茶船边巡行数周，以免壶底水珠滴入茶盅。

9. 倒茶

将小茶盅一字排开，提起茶壶由左而右，从右而左来回冲注，俗称“巡茶”。倒茶千万不要一杯倒满再倒下一杯，这样倒出的茶每杯浓度不均。

10. 敬茶

主人将倒好的茶双手捧起，第一杯恭敬地献给在座的客人。如果客人不止一位，第一杯应捧给一位尊长者。

11. 品茶

客人接过茶盅应细细品之，详观茶色，细闻茶香，小口品茶，尽享饮茶之乐趣，也可饮后赞美几句以示认可。

【社交礼仪全知道】

举行茶话会招待宾客时，通常在下午4时左右开始，设在客厅之内。准备好座椅和茶几即可，不必安排座次。茶话会上除饮茶外，可以上一些点心或风味小吃。

馈赠礼物，精挑细选巧包装

中国有句俗话：礼尚往来。送礼馈赠是国际上通行的社交活动形式之一，是向对方表达心意的物质表现。在商务应酬中，为了向宾客或对方表示恭贺、感谢或慰问，常常需要赠送礼物，以增进友谊与合作。但是许多人却为送礼而头疼和烦恼。总觉得给人送礼就是把礼物给予别人就算完事了，实际不是这样的。送礼的过程不仅是礼品的交流，而且是自身良好行为规范的表现。因此，送礼也就有了许多礼节，失礼了便可能造成“礼送了却没得到好”的结果。

在你考虑给某人送礼时，首先想的是如何选择礼物。俗话说“千里送鹅毛，礼轻情意重”，意即，赠送礼品不在多少，而是在于情义。送礼之前，要对礼品进行认真的选择。馈赠者要考虑受礼者的性别、婚否、教养、喜好以及其家庭情况，挑选具有鲜明特色的、能够使其经常看见或经常使用的礼品。例如，精美的名片夹可以送给工作上的合作伙伴；本地制造的特色产品可以赠送给外宾。

1. 赠花

爱花是人类的天性。一束花，几枝玲珑剔透的枝叶，配上色彩调和的花器，忽地眼前一亮，就能把阴沉、烦闷、忧郁一扫而光，而带来了满眼的光辉和整室的生气，使人们在赏心悦目之余，陶醉在安静祥和之中。这时的一盆花，不仅会带给你心灵的舒适，更是精神的寄托。这就是插花的功效。在节日期间，送给对方一束花，对增进彼此的感情大有好处。因此，什么节日、什么季节送什么样的插花，很有讲究。赠花是一门艺术，因为送花的目的是以花为礼、联系情感、增进友谊。因此什么时候送什么花，什么场合选什么花，什么人喜欢什么花，都需要根据具体情况，因时因地因对象而精心设计。

2. 商务送花指南

客户晋升时，一定会有许多祝福的花篮送到他的办公室。这时候你再送花，反而被湮没在花海中。如果送他小小的、精致的花卉提篮，可以放在对方的办公桌上，还比较吸引他的注意呢！选择颜色亮丽或富含花语的花木，如开运竹、发财树、巴西木等。

赠花给客户，不论是异性还是同性，不要送玫瑰，以免客户误会你。特别是异性要尤其小心。若贸然送黄玫瑰给对方，或者在对方生日时送他洋水仙，就不礼貌了。因为黄玫瑰代表嫉妒，包括工作上和感情方面；后者指对方自大、虚假。

礼物选好后，就要在恰当的时机把礼物送出去。在送礼时应把握如下原则：

1.注意时间和场合

一般来说，礼品可以随时送给对方，可是有些礼品如果选择好赠送时机就会有更好的效果。比如，每年的年历一定要赶在前一年的12月初送为佳，如果等到12月中下旬年历成堆的时候，你再送就无法突出出来。只有在别人还没开始送的时候你送，那才是时机呢！你要记住，送第一本年历的给人印象是最深的。

上门送礼应什么时间段去好？一般来说，上门送礼一定要提前约定时间。上午最好在10点到11点，下午最好在4点左右。节假日大家都有睡懒觉的习惯，上午10点之前到家就显得早了点，上午送完礼后，尽量不要停留在11点以后，也最好不要在别人家吃午饭。下午2点到3点，有人有午休的习惯，所以4点左右送礼比较合适。

礼品一般应当场、当面赠送。通常情况下，当众只给一群人中的某一个人送礼是不合适的。因为受礼人会有受贿或受愚弄之感，而且会使没有受礼的人有受冷落和受轻视之感。

通常情况下，送礼应选择时机。

道喜：对方有结婚、生育、过生日等喜事。

道贺：对方晋级、乔迁、出国等。

道谢：受到他人帮助之后，可以在适当时机以适当礼物相赠。

慰问：对方遇到天灾人祸，身处逆境时。

纪念：朋友久别重逢、恋人相识周年、结婚周年等有纪念价值的日子。

节日：传统佳节如春节，国人走亲访友时习惯赠送一些礼品；遇到母亲节、教师节等节日也应有所表示。

2.要看送礼对象

送礼要因人而送，男女老少都应有区别。给年轻女性送保健品，就会让对方觉得很尴尬：感觉自己老了，得靠保养品了？如果送给中年妇女则其会更加感激。送礼还要依据对方的年龄、身份、性别、爱好、工作性质等而选择送不同的礼物。

给病人送礼就要注意，有些人喜欢给病人送滋补品或保健品，其实，这很不恰当，因为病人正在治疗期，每日要按时服药或进行针剂注射，并不适合服用补品。送给病人的礼物以鲜花或小的盆景为宜。但是，送鲜花是十分讲究的，有些花并不适合送给病人。一般来说，下列花卉是不错的选择：玫瑰、康乃馨、满天星、百合、天堂鸟。

送结婚礼物的时候，作为参加喜宴的朋友，应事先选购有意义的礼物，如送99朵玫瑰代表“天长地久”，或送具有纪念价值的金贺卡及结婚蛋糕，向新郎新娘表示祝福之心。

给别人庆祝生日，因为对象不同送的礼物也有所不同。在给长辈祝寿时，“礼数”稍多一些。给同辈朋友过生日，则不必拘于形式，送礼品最容易。给长辈祝寿，除了衣服要讲究之外，还必须带有一份含有健康长寿意义的物品，如设计精美的蛋糕，或有纪念性的金贺卡。

3. 注意礼物的包装

赠送的礼品要有精美的包装，不可把一堆没有包装的礼品放在一起，随便用提包一装就给人送去，这样做礼品再多对方也不会高兴，因为这是对对方的不尊重。所以对礼品的包装一定要讲究。礼物应该讲究视觉感受，好的包装能够让礼物显得更隆重一些，表达对他人的尊重。而且包装可以增加礼物的社会人文内涵，弱化礼品本身的价值概念，让礼物好上加好，西方人特别重视这一点。其实礼物的意义并不在于其本身的实用价值，而是以它为载体传递的无形价值。所以馈赠礼物者也应该重视包装所体现出来的情感和心意。但是，应该注意的是，包装要与礼品本身相匹配，因为接受礼物的人往往是通过包装来判断礼物的价值，如果发现礼物本身与期望的差距太大，就产生与送礼目的相反的效果。所以要让包装发挥“增效”作用，就要适度包装。

4. 送接礼物的礼节

收到礼品时，应双手捧接，并立即表示感谢。中国人收礼后一般要等客人走后才打开；外国人则习惯当着客人的面打开包装，并说上几句赞美礼品的话。如果你知道礼品比较贵重，还是当面拆开包装为好。如果收到的礼品不合心意，也不要表露出来，而应说上几句感激对方和赞美礼品的话。

接受馈赠后，得想办法回礼才合乎礼貌。中国人崇尚“礼尚往来”，外国人同样重视。尽管在接受馈赠时无法马上回礼，但是在日后，也得准备礼物回赠对方。

态度友善，举止得体。送礼时要注意态度、动作和语言的表达。平和友善、落落大方的动作并伴有礼节性的语言表达，才是受礼方乐于接受的。在对所赠送的礼品进行介绍时，应该强调的是自己对受赠一方所怀有的好感与情义，而不是强调礼物的实际价值，否则，就落入了重礼而轻义的地步，甚至会使对方有一种接受贿赂的感觉。

5. 中国普遍有“好事成双”的说法，因而凡是大贺大喜之事，所送之礼，均好双忌单，但广东人则忌讳“4”这个偶数，因为在广东话中，“4”听起来就像是“死”，是不吉利的。再如，白色虽有纯洁无瑕之意，但中国人比较忌讳，因为在中国，白色常是大悲之色和贫穷之色。同样，黑色也被视为不吉利，是凶灾之色、哀丧之色。而红色，则是喜庆、祥和、欢庆的象征，受到人们的普遍喜爱。

6. 给老人不能送钟表，给夫妻或情人不能送梨，因为“送钟”与“送终”“梨”与“离”谐音，是不吉利的。还有，比如不能为健康人送药品，不能为异性朋友送贴身的用品等。

7. 忌以手巾送人，俗语有“送巾，断根”“送巾，离根”，且在丧俗中有以送手巾前来吊唁者，以示与死者“断绝”往来。忌以扇赠人，俗语“送扇，无相见”，且因扇子用过即丢。忌以刀剪送人，以免有要伤害对方之嫌。忌以甜米果送人，民间过年时家家必蒸甜米果，平时只有丧家守孝才蒸，如果以此送人，则意味着别人家有丧。给病人送的物品用单数，不用双数，特别忌用四个，因为“四”与“死”谐音，一般给死人献祭用四个。

8. 在香港给人送礼，特别是给商人老板送礼，切忌送茉莉、梅花。因为茉莉与“没利”谐音，梅花的梅和“霉”同音；去探望病人，切莫带去剑兰，因“剑兰”与“见难”相谐，这正犯了病家的大忌。一般给病人送水果要送苹果、橘子、桃、栗子，这都含有平安吉利、逃离病魔的寓意，而切忌送梨，因“梨”与“离”同音。

9. 忌下午去看望病人，下午属阴，看过反会加重病情。

人际交往中，人们常常互相馈赠礼物，以表达友好的情感。但由于人与人之间社会关系的不同，礼物常常带有一定的象征意义，因此，中国人在赠物中也有一些禁忌相沿成俗。

云南大理的白族赠送礼品的数目必须带“六”字。如送礼钱若是160元，主人会很高兴；若送500元，主人反而会以为不吉祥而拒绝接受。佤族人日常生活中禁忌以辣椒、鸡蛋为礼品。这是因为旧时佤族部落间交战常以送给对方辣椒来表示宣战；而复仇则先送给对方鸡蛋作为警告信号。

【社交礼仪全知道】

有人送礼时不敢大大方方地送，像做贼似的悄悄地将礼品置于某处，这样做不仅达不到馈赠的目的，甚至会适得其反。在我国一般人们在送礼时总会过分谦虚地说“区区薄礼，不成敬意”“一点小意思”等，这种做法最好避免。当然，如果在赠送时用一种近乎骄傲的口吻说“这是很贵重的东西”，也不可取。

提前预约，选择恰当拜访时机

现在商务应酬中，商务拜访必不可少，商务人员掌握商务拜访的礼仪是十分重要且必要的。

商务人员拜访前应事先和被访对象约定，以免扑空或扰乱主人的计划。拜访时要准时赴约。拜访时间长短应根据拜访目的和主人意愿而定。一般而言，时间宜短不宜长。到达被访人所在地时，一定要用手轻轻敲门，进屋后应待主人安排指点后坐下。后来的客人到达时，先到的客人应该站起来，等待介绍。拜访时应彬彬有礼，注意一般交往细节。告辞时要同主人和其他客人一一告别，说“再见”“谢谢”；主人相送时，应说“请回”“留步”“再见”等。

中国人拜访落座之后常爱说“无事不登三宝殿”，言外之意是有事相求了。其实这正是台下功夫不到家的一个明显例子。玩转商务应酬的人常常无事也登三宝殿，平日里很注意与人保持联系——哪怕是一个电话也好，让别人知道，他们在自己心目中占有一席之地。如果非到有事才找人，未免显得太过功利主义，极易惹人反感。

一旦事先约好了要去拜访对方，无论是有求于人还是人求于己，都要在礼节上多加注意，不可因失礼于人而有损自己和企业的形象。

我们要注意的首要规则是准时。让别人无故干等无论如何都是严重失礼的事情。如果有紧急的事情，不得不晚去，必须事先通知你要见的人。如果打不了电话，就请别人为你打电话通知一下。如果遇到交通阻塞，应通知对方要晚一点到。如果是对方要晚点到，你先到，可以充分利用剩余的时间整理一下思路，耐心等对方到来。

当你到达时，在进门之前，要先看鞋上是否带泥。如果有灰土或泥等，一定要擦掉后再走进去。雨具、外衣等要放到客户指定的地方。

告诉接待员或助理你的名字和约见的时间，递上你的名片以便助理能通知对方。冬天穿着外套的话，如果助理没有主动帮你脱下外套或告诉你外套可以放在哪里，你就要主动问一下。

在等待时要安静，不要通过谈话来消磨时间，这样会打扰别人工作。尽量不要不耐烦地总看手表。如果你等不及，可以向助理解释一下并另约一个时间。不管你对要见的人有多么不满，也一定要对接待或助理有礼貌。

当你被引到约见者办公室时，如果是第一次见面，就要先做自我介绍；如果已经认识了，只要互相问候并握手就行了。如果客户较自己年长，客户没坐下，自己不宜先坐下。客户向自己介绍新朋友时，一定要站起来，以示谢意，同时一定要在第一次介绍中记住对方的姓名，免得谈话里不好称呼。对一些自己不认识的长辈或领导，要主动站起来，先自我介绍，让对方了解自己。介绍自己要亲切有礼，态度要谦虚，不能自我吹嘘。

一般情况下对方都很忙，所以你要尽可能快地将谈话进入正题，而不要闲扯个没完。清楚直接地表达你要说的事情，不要讲无关紧要的事情。说完后，让对方发表意见，并要认真地听，不要辩解或不停地打断对方讲话。你有意见的话，可以在他讲完之后再说。

当然，商务应酬中没有永远的主人，也没有永远的客人，做个懂礼之客固然重要，做个能得体待客的主人也很重要。事先得知同事来访，要提前准备好茶具、烟具。客人进门后，要热情迎接并请上座。如果客人是从远道而来，要问问是否用过餐。对一般客人，在饭前只给烟、茶就可以了，茶壶可以放在桌子上，对尊敬的客人或领导、长辈、同事，要在另外的屋里把茶倒好送进去，每次倒茶要倒八分满，便于客人饮用。

如果是“不速之客”，也要起立相迎。室内来不及清理，应向客人致歉意。不宜当着客人的面赶忙扫地，弄得满屋灰尘。接待时，要问明来意。比如说：“你今天怎么抽出空来了呢？”对方如答：“有事要麻烦您。”可又不一下子直说出来。就不要立即追问，恐怕是因为还有家中其他人在场，难以启口。那就不妨改变一下接待方式。

总之，在拜访客户和接待客户时，都要注意必要的礼貌，只有这样，你的客户才能维持得长久，你们的关系才能稳固而可靠。

【社交礼仪全知道】

吸烟属于个人嗜好，有人喜欢有人厌烦。因此，在约见客户时，如果你想抽烟一定要先征得客户的同意特别是女客户的同意，以免二手烟给他人带来伤害。

遵从礼仪，拜访参会必知事项

拜访一家公司，进入会议室时一定要先主动询问：接待人员该坐在哪儿？如果对方没有明确回答，可再进一步询问：稍后东道主会坐哪里？如果对方还是请你“随便坐”，此时千万不要随意就座，若坐到主人的位置，就如同侵犯到个人的领域空间，就非常失礼了。

在没有被告知要坐在哪一个位置的情况下，可以选择视觉上可以看到主人进来的位置，当主人进来时要赶快站起来，等待主人安排座位，并且避免坐到上面所述的位置，因为这些位置都有可能是主人的位置。

企业一定要重视接待人员的礼仪培训，切实做好带位、奉茶、接听电话等细节的礼仪准备，因为接待人员的一言一行都是在为公司做公关，也无形中彰显了公司的文化，千万不要忽视看似轻微的接待细节，以免因小失大。

如果不小心迟到，该如何应对呢？若方便，就静悄悄地进入会议室。不要大声张扬，无须频频说“对不起”，只要跟会议主席点头打个招呼就可以了，倘若会议主席为高层主管，则对于会议的迟到或早退，皆可以向对方行微鞠躬礼。建议你若事先就知道会迟到早退，请事先向会议负责人报告，并告知对方你准确的到达或离席时间，如果你在会议中的作用相当重要，更要如此，这可以让会议主席预先针对议程做必要的调整，如先进行其他跟你无关的主题等。

参加会议的着装礼仪：

参加会议的穿着要视会议主题与自己在会议中的角色而定。

如果自己是普通的会议参与者，在严谨的会议上，应该穿着比平日再正式一点的服装；也可以参考其他与会人士的穿着，若有人穿着西装或套装，那么自己也要穿西装或套装。如果自己是会议主持人或报告者，更要注意到自己的专业形象，因为站在台上的人，其形象最容易被放大，换句话说，好印象别人会记住，坏印象别人更是难以忘记。

此外，主持人、报告者或高管皆可以适时调节会议的气氛，除了可以利用口语表达与肢体语言之外，当你想调节会议紧绷的气氛时，还可以试着脱掉外套，或松开外套的扣子，就能立刻制造出轻松的效果。

参加视频会议的礼仪：

视频会议是当今企业界常见的开会方式之一。如果商务人员应邀参加视频会议，一定要在开始前就做好充分准备（包括准备好相关的数据和熟悉视频的操作说明），一定要准时参加，不要让大家等候。

其次，因为参加会议的人员不在同一个地点，所以每次发表意见时，要先举手示意，让其他人知道现在是谁在发言。如果是后来才出现的，举个手跟大家打个招呼声明自己的出现。

由于与会人士都是通过电脑的摄像头和音频设备沟通，有时受限于传输的速度及质量的影响，因此在发言时要注意自己的发言质量：口齿要够清晰、音量要够大、内容要有条理、情绪要够平稳等。轮到别人发言的时候，不要随意插话，也要避免制造噪声（如翻找资料及数据、移动椅子、接听其他电话等）。另外，视频会议结束后别忘了向主持人致谢。

【社交礼仪全知道】

无论是哪种会议都要随时注意自己的仪表，不要在会议上做出令人反感的动作，比如抠耳、鼻；揉眼睛；东张西望；玩手机等。

和颜悦色，化解僵局有妙法

任何一种谈判都不可避免出现僵局。一旦出现僵局该如何化解呢？且看如下四法：

1. 转移话题法

谈判时双方难免出现僵局，尤其是当双方的条件相差过于悬殊，都不愿意做出妥协让步时。这个时候僵局是非常容易出现的。一般情况下，解决的办法有两种：一是暂停休会，使谈判双方就谈判中出现的问题进行思考和论证，然后再继续谈判，直到达成一致；二是把暂时不能达成一致的问题和分歧放在一边，首先探讨容易解决的问题和条款。通过打破僵局的谈判方法，把话题转移。通过转移话题，使谈判气氛得以缓和，让谈判双方在崭新的谈判氛围中重新讨论有争议的问题和条款，最终达成一致。

谈判时出现僵持不下的局面是非常普遍和正常的情况，毕竟双方都为了己方的利益而不愿做任何形式的让步，而如何打破僵局并顺利与对方达成对自己有利的协议就显得至关重要了。在陷入僵局时适当转移话题，巧妙地活跃双方的情绪和气氛，然后再通过话题的引申而与对方重新探讨达成一致的可能性，就能够使得双方很容易地进行沟通与理解，并从各自的利益出发，为达成最终的目的而共同努力，直至达成协议。

2. 声东击西

声东击西是用兵打仗中常用的一种作战谋略。其主要思想是以假象造成敌人的错觉，伪装攻击的目标，用灵活机智的军事行动打击敌人的要害。在谈判中，声东击西的谈判技巧表现为故作姿态，制造假象，借以迷惑对方，或者转移对方的注意力，在无关紧要的条款或者事项中纠缠不休，暗地里却把自己的注意力放在重要的问题上。在自己不成问题的问题上大做文章，背后却在需要争取的问题或者利益上加大努力的砝码。在谈判利益上着重争取，不放弃而示之以放弃，欲放弃而示之以不放弃，以分散对方对自己真实的谈判目标的注意力，在不知不觉中顺利实现自己的谈判目标，取得谈判的胜利。

3. 欲擒故纵

作为一种谋略和技巧，欲擒故纵法不仅广泛地被运用于军事领域，而且也广泛地运用于竞争与合作相统一的谈判领域。谈判者一方本来非常希望同对手合作，这样给双方都能够带来实际的利益，但是由于对方拒绝合作或者提出更为苛刻的要求和条件，使谈判很容易陷入僵持局面。在这种情况下，谈判者一方就运用欲擒故纵的技巧，主动提出放弃进一步谈判或者合作的企图，另就高明。这样一来，由于对方失去这个合作对象之后，不但不能够满足进一步的要求，而且连最起码的利益也不能获得，因此对方不得不妥协和让步，放弃进一步的要求以使双方达成一致。

4. 走为上策

“三十六计，走为上策。”“走”是退却、躲避的意思。作为一种策略和计谋，“走为上”的意思就是说在不利于己方的条件下，要避免同对方决战，出路有三条，或者投降，或者讲和，或者退却。三条出路相比较，投降意味着彻底失败，讲和意味着胜负各半，而退却则存有转败为胜的机会。因此，在这几种情况下，唯有“走”才是上策，故名“走为上”。不过“走”的意思并不是消极的逃跑，而是有计划的主动退却，然后寻找机会图谋反击。

在谈判活动中，遇到对方攻势猛烈、锐气逼人，如果既不想求和，又不愿意主动妥协，那么最好的策略就是暂时躲避对方，退避三舍，以制造谈判僵局。在这个时候，如果对方真有合作的诚意，就会寻求适当的途径来重新谈判。这样，谈判的局势就会发生明显的变化。实施走为上计的一方就会由被动转为主动，对方就会降低自己的谈判标准，以达成有利于己方的协议。这就是走为上策的基本内涵。

【社交礼仪全知道】

无论在谈判过程中出现怎样的僵局都不可情绪激动，甚至大发雷霆、拍案而起。这些行为就是严重的失控，会给人留下极为不好的印象，非但解决不了问题，还会让谈判陷入更加尴尬的境地。

放大格局，关键时刻“断舍离”

在商务谈判中，在准确理解对方利益的前提下，努力寻求双方各种互利的解决方案，以求达到双赢的目的是一种正常渠道达成协议的方式，但在解决一些棘手的利益问题冲突时，双方有可能就争执不下，这时，恰当地运用让步策略是非常有效的办法。

成功让步的策略和技巧表现在谈判的各个阶段，但是，要准确、有价值的用好让步策略，总体来讲必须服从以下原则：

1. 目标价值最大化原则

应当承认，在商务谈判中的很多情况下的目标并非单一目标，在谈判中需要处理多重目标的过程中不可避免地存在着目标冲突现象，谈判的过程事实上是寻求双方目标价值最大化的一个过程，但这种目标价值的最大化并不是所有目标的最大化，如果是这样的话就违背了商务谈判中的平等、公正的原则，因此也避免不了在处理不同价值目标时使用让步策略。

不可否认，在实际过程中，不同目标之间的冲突是时有发生的，但是在不同目标中的重要价值及紧迫程度也是不同的，所以在处理这类矛盾时所要掌握的原则就是，需要在目标之间依照重要性和紧迫性建立优先顺序，优先解决重要及紧迫目标，在条件允许的前提下适当争取其他目标，其中的让步策略首要就是保护重要目标价值的最大化，如关键环节——价格、付款方式等。成功的商务谈判者在解决这类矛盾时所采取的思维顺序是：首先，评估目标冲突的重要性、分析自己所处的环境和位置，在不牺牲任何目标的前提下冲突是否可以解决；然后，如果在冲突中必须有所选择的话区分主目标和次目标，以保证整体利益最大化，但同时也应注意目标不要太多，以免顾此失彼，甚至自相混乱，留给谈判对手以可乘之机。

2. 刚性原则

在谈判中，谈判双方在寻求自己目标价值最大化的同时也对自己最大的让步价值有所准备，就是说谈判中可以使用的让步资源是有限的，所以，让步策略的使用是具有刚性的，其运用的力度只能是先小后大，一旦让步力度下降或减小则以往的让步价值也失去意义；同时谈判对手对于让步的体会具有抗药性，一种方式的让步使用几次就失去效果，同时也应该注意到谈判对手的某些需求是无止境的。

必须认识到，让步策略的运用是有限的，即使你所拥有的让步资源比较丰富，但是在谈判中对手对于你让步的体会也是不同的，并不能保证取得预先期望的价值回报。因此，在刚性原则中必须注意到以下几点：

谈判对手的需求是有一定限度的，也是具有一定层次差别的，让步策略的运用也必须是有限的、有层次区别的。

让步策略的运用的效果是有限的，每一次的让步只能在谈判的一定时期内起作用，是针对特定阶段、特定人物、特定事件起作用的，所以不要期望满足对手的所有意愿，对于重要问题的让步必须给予严格的控制。

时刻对让步资源的投入与你所期望效果的产出进行对比分析，必须做到让步价值的投入小于所产生的积极效益。在使用让步资源时一定要有一个所获利润的测算，你需要投入多大比例来保证你所期望的回报，并不是投入越多回报越多，而是寻求一个两者之间的最佳组合。

3. 时机原则

所谓让步策略中的时机原则就是在适当的时机和场合做出适当适时的让步，使谈判让步的作用发挥到最大、所起到的作用最佳。虽然让步的正确时机和不正确时机说起来容易，但在谈判的实际过程中，时机是非常难以把握的，常常存在以下种种问题：

时机难以判定，例如认为谈判的对方提出要求时就认为让步的时机到了或者认为让步有一系列的方法，谈判完成是最佳的时机。

对于让步的随意性导致时机把握不准确，在商务谈判中，谈判者仅仅根据自己的喜好、兴趣、成见、性情等因素使用让步策略，而不顾及所处的场合、谈判的进展情况及发展方向等，不遵从让步策略的原则、方式和方法。这种随意性导致让步价值缺失、让步原则消失，进而促使对方的胃口越来越大，在谈判中丧失主动权，导致谈判失败，所以在使用让步策略时千万不得随意而为之。

4. 清晰原则

清晰原则即让步的标准、让步的对象、让步的理由、让步的具体内容及实施细节应当准确明了，避免因为让步而导致新的问题和矛盾。常见的问题有：

让步的标准不明确，使对方感觉自己的期望与你的让步意图错位，甚至感觉你没有在问题上让步而是含糊其辞。

方式、内容不清晰，在谈判中你所做的每一次让步必须是对方所能明确感受到的，也就是说，让步的方式、内容必须准确、有力度，对方能够明确感觉到你所做出的让步，从而激发对方的反应。

5. 弥补原则

如果迫不得已，己方再不做出让步就有可能使谈判夭折的话，也必须把握住“此失彼补”这一原则。即这一方面（或此问题）虽然己方给了对方优惠，但在另一方面（或其他地方）必须加倍地，至少均等地获取回报。当然，在谈判时，如果发觉此问题己方若是让步可以换取彼处更大的好处时，也应毫不犹豫地给其让步，以保持全盘的优势。

【社交礼仪全知道】

在商务谈判中，为了达成协议，让步是必要的。但是，让步不是轻率的行动，必须慎重处理。成功的让步策略可以起到以局部小利益的牺牲来换取整体利益的作用，甚至在有些时候可以达到“四两拨千斤”的效果。

坚守底限，在谈判中合作双赢

生意场上，谈判的双方毕竟不是敌对的关系，但也并不是不存在利益的冲突和矛盾。在没有任何技巧与原则的谈判中，生意人往往会陷入难以自拔的境地，要么谈判陷入僵局，要么双方在达成协议后总觉得双方的目标都没有达到，或者谈判一方总有吃亏的感觉。

要想在谈判中占尽先机，座次的安排绝不能小觑。商务人员应依照不同的需求与目的来安排席次，因为不同的座位安排及导引，都会直接影响到谈判的进行，从而左右谈判的结果。现以长型会议桌为例的不同座次安排如下：

“亲切位”，即商务人员借以表达亲切友好之意的安排。“亲切位”也就是双方坐在同桌角的各一侧。“亲切位”的坐法可以令对方安心，舒缓对方的情绪。

“对峙位”，即商务人员表达严肃谈判的座位安排。“对峙位”也就是双方相对而坐的座位。相向而坐的坐法会营造出相互抗衡的氛围，形成一定程度上的距离或紧张感。当商务人员想巩固立场或是营造正式且严肃的氛围时，可以采取这种坐法。在谈判过程中，一旦发现对面所坐之人总是跟你抗衡，而这种现象已经影响到会议顺利进行之时，商务人员要有技巧地适时将其调离“对峙位”，可以立即有效地缓解对抗的气氛。

“辅佐位”，即商务人员借以表达帮助老板或客户为目的的座位安排。“辅佐位”也就是双方同坐于桌子较长的一侧。通常老板的亲信会坐在“辅佐位”，以便及时给予支持和协助；关系亲密的主客之间也可采用这种坐法，以便轻声讨论与相互支持。

“疏离位”，即商务人员想表达与对方疏离时的座位安排。“疏离位”也就是长桌两侧斜对角的位子。会议中可以安排关系不佳的双方入座“疏离位”，以免干扰会议的气氛。而平时，“疏离位”也是关系不佳的双方会自然选择的入座方式，所以若你不想加深与对方的交恶，不要轻易入座“疏离位”为好。

那么如何才能在谈判中做到双赢呢？仔细分析谈判的过程不难看出商业谈判一般分为三个阶段：

第一阶段：申明价值。此阶段为谈判的初级阶段。谈判双方彼此应充分沟通各自的利益需要，申明能够满足对方需要的方法与优势所在。生意人在此阶段的关键步骤是弄清对方的真正需求，因此其主要的技巧就是多向对方提出问题，探询对方的实际需要。

与此同时，也要根据情况申明己方的利益所在。因为你越了解对方的真正实际需求，越能够知道如何才能满足对方的要求；同时对方知道了你的利益所在，才能满足你的要求。那种在谈判过程中迷惑对方，让对方不知道你的真正要求和利益所在，甚至想方设法误导对方，生怕对方知道了你的底细，会向你漫天要价的做法最终会使你自己吃亏。

第二阶段：创造价值。此阶段为谈判的中级阶段，谈判的双方彼此沟通，往往申明了各自的利益所在，了解了对方的实际需要。但是，以此达成的协议并不一定对双方都是利益最大化。因为利益在此往往并不能有效地达到平衡。即使达到了平衡，此协议也可能并不是最佳方案。

因此，谈判中双方需要想方设法去寻求更佳的方案，为谈判各方找到最大的利益，这一步骤就是创造价值。这一阶段往往是商务谈判最容易忽略的阶段。一般的商务谈判很少有谈判者能从全局的角度出发去充分创造、比较与衡量最佳的解决方案。

因此，也就使得谈判者往往总觉得谈判结果不尽如人意，没有能够达到“赢”的感觉，或者总有一点遗憾。所以，采取什么样的方法使谈判双方达到利益最大化，寻求最佳方案就显得非常重要。

第三阶段：克服障碍。此阶段往往是谈判的攻坚阶段。谈判的障碍一般来自两个方面：一方面是谈判双方彼此利益存在冲突；另一方面是谈判者自身在决策程序上存在障碍。前一种障碍是需要双方按照公平合理的客观原则来协调利益；后者就需要谈判无障碍的一方主动去帮助另一方能够顺利决策。

【社交礼仪全知道】

如果你要想在谈判中达到双赢的结果，就必须牢记以上的谈判步骤，并有效地遵循适当的方法，就能够使谈判的结果达到双赢，并使双方利益都得到最大化。

微笑小玄机：这样笑才好

自信、发自内心的笑容最好看。恰到好处的笑容是：在笑时只露出上排最前面的六颗牙齿，这时的笑容，嘴角的形状都会保持在最自然、最得体的状态。平时可以有意识地对着镜子练一练，时间长了就会养成微笑的好习惯。当然，最美的笑容还是发自内心的毫无顾忌的笑。因为开心、快乐本身也是一种美。但一些特殊、正式的场合，即便你再想开怀大笑，还是要适当收敛，切勿得意忘形，笑而失态。

第七章

商务宴请：餐桌上将优雅做到极致

越是大型的宴请，仪式感越强。更多时候是为了商务合作，无非是把会谈从会议室换到了另外一个比较轻松的环境。因此，你只需做好一件事情，就是始终保持彬彬有礼的状态，时刻保持优雅从容的言谈举止。记住：人们在宴席上不只是品菜，更多的是品人。

座次合理，宾主都如沐春风

在宴请中，桌次与座位是一个不可忽视的问题。按习惯，桌次的高低以离主桌位置远近而定，右高左低。桌数较多时，要摆桌次牌。宴会可用圆桌、方桌或长桌。一桌以上的宴会，桌子之间的距离要适中，各个座位之间的距离要相等。团体宴请中，宴桌排列一般以最前面的或居中的桌子为主桌。

餐桌的具体摆放还应视宴会厅的地形条件而定。各类宴会餐桌摆放与座位安排都要整齐统一，椅背达到纵横成行，台布折纹要向着一个方向，给人以整体美感。

中餐宴会座次安排：

礼宾次序是安排座位的主要依据。我国习惯按客人本身的职务排列，以便谈话。如夫人出席，通常把女方排在一起，即主宾坐在男主人右上方，其夫人坐在女主人右上方，两桌以上的宴会，其他各桌第一主人的位置一般与主人主桌上的位置相同，也可以面对主桌的位置为主位。

在具体安排座位时，还应考虑其他因素，如双方关系紧张的应尽量避免安排在一起，身份大体相同，或同一专业的可安排在一起。

总的来讲，座次是“尚左尊东”“面朝大门为尊”。若是圆桌，则正对大门的为主客，主客左右手边的位置，则以离主客的距离来看，越靠近主客位置越尊，相同距离则左侧尊于右侧。若为八仙桌，如果有正对大门的座位，则正对大门一侧的右位为主客。如果不正对大门，则面东的一侧右席为首席。

如果为大宴，桌与桌间的排列讲究首席居前居中，左边依次2、4、6席，右边为3、5、7席，根据主客身份、地位，亲疏分坐。

如果你是主人，你应该提前到达，然后在靠门位置等待，并为来宾引座。如果你是被邀请者，那么就应该听从东道主安排入座。

一般来说，如果你的老板出席的话，你应该将老板引至主座，请客户最高级别的坐在主座左侧位置。除非这次招待对象的领导级别非常高。

恰当的用餐桌次和座位的安排会显示你的地位，表达你的尊敬，将会为你的赴会和宴请增添礼仪之邦的风采，并取得特定的效果。

西餐宴会座次安排：

1. 恭敬主宾。在西餐中，主宾极受尊重。即使用餐的来宾中有人的地位、身份、年纪等高于主宾，主宾仍是主人关注的中心。在排定位次时，应请男、女主宾分别紧挨着女主人和男主人就座。

2. 女士优先。在西餐礼仪里，女士处处备受尊重。在排定用餐位次时，一般应请女主人就座主位，男主人则需坐在第二主位。

3. 以右为尊。在排定位次时，以右为尊是基本原则。就某一特定位置而言，其右位高于其左位。例如，应安排男主宾坐在女主人右侧，应安排女主宾坐在男主人右侧。

4. 面门为上。即指面对餐厅正门的位子，在序列上通常要高于背对餐厅正门的位子。

5. 距离定位。一般来说，西餐桌上位次的尊卑，往往与其距离主位的远近密切相关。一般情况下，离主位近的位子要高于离主位远的位子。

6. 交叉排列。商界人士所出席的正式的西餐宴会，在排列位次时，要遵守交叉排列的原则。即男女交叉排列，生人与熟人交叉排列。这样做的最大好处是可以广交朋友。因此，一个用餐者的对面和两边坐着的人多是异性，而且还可能是陌生人。

在西餐用餐时所用的餐桌有长桌、方桌和圆桌，最常见、最正规的西餐桌是长桌。

以长桌排位，一般有两种：一是男女主人在长桌的中央对面而坐，餐桌两端是否坐人没有特别要求；二是男女主人分别就座于长桌的两端。当用餐者人数较多时，还可以用长桌拼成图案，以便安排大家共同进餐。

以方桌排列位次时，就坐于餐桌四面的人数要相等。一张桌围坐8人，每侧各坐2人的情况比较多见。在进行排列时，男、女主人与男、女主宾对面而坐，所有人均与自己的恋人或配偶坐成斜对角。

在西餐里，使用圆桌排位的情况不常见。在隆重而正式的宴会里，是极为罕见的。使用圆桌时的座次排列，基本是以上各项规则的综合运用。

【社交礼仪全知道】

赴宴时你的穿着打扮不仅关系到你给别人留下怎样的印象，还是你身份、地位、修养与品位的体现。因此，一定要精挑细选，千万不能忽视。

谁来点菜，商务赴宴有学问

但凡请客或赴宴，都会面临点菜的问题。那么，究竟该由谁来点菜，怎么点菜才合乎礼仪，是你必须掌握的基本常识。

一般来讲，如果时间允许，应该等大多数客人到齐之后，将菜单供客人传阅，并请他们来点菜。如果你的老板也在酒席上，千万不要因为尊重他，或是认为他应酬经验丰富，酒席吃得多，而让他（她）来点菜，除非是他（她）主动要求。否则，他会觉得不够体面。

如果你是赴宴者，不要在点菜时太过主动，而是要让主人来点菜。如果对方盛情要求，你可以点一个不太贵、又不是大家忌口的菜。同时征询一下桌上人的意见，特别是问一下“有没有哪些是不吃的”或是“比较喜欢吃什么”，让大家感觉被照顾到了。点菜后，可以请示“我点了菜，不知道是否合几位的口味”“要不要再来点其他的什么”，等等。

点菜时，一定要心中有数。点菜时，可根据以下三个规则：

1. 看人员组成。一般来说，人均一菜是比较通用的规则。如果是男士较多的情况下可适当加量。

2. 看菜肴组合。一般来说，一桌菜最好是有荤有素，有冷有热，尽量做到全面。如果桌上男士多，可多点些荤食，如果女士较多，则可多点几道清淡的蔬菜。

3. 看宴请的重要程度。若是普通的商务宴请，平均一道菜在50元到80元就可以。如果宴请的对象是关键人物，那么要点上几个够分量的菜，例如龙虾、鲥鱼，想再要上规格一点，则是鲍鱼、鱼翅等。

在安排菜单时，还必须考虑来宾的饮食禁忌，特别是要对主宾的饮食禁忌要高度重视。这些饮食方面的禁忌主要有四点：

1. 宗教的饮食禁忌。例如，穆斯林不吃猪肉，并且不喝酒。国内的佛教徒少吃荤腥食品，它不仅指的是肉食，而且包括葱、蒜、韭菜、芥末等气味刺鼻的食物。一些信奉观音的佛教徒在饮食中尤其禁吃牛肉，这点在招待港澳台及海外华人同胞时尤要注意。

2. 出于健康的原因，对于某些食品，有所禁忌。比如，心脏病、脑血管疾病、动脉硬化、高血压和脑卒中后遗症的人，不适合吃狗肉，肝炎病人忌吃羊肉和甲鱼，胃肠炎、胃溃疡等消化系统疾病的人也不适合吃甲鱼，高血压、高胆固醇患者，要少喝鸡汤等。

3. 不同地区，人们的饮食偏好往往不同。对于这一点，在安排菜单时要兼顾。比如，湖南省的人普遍喜欢吃辛辣食物，少吃甜食。英、美国家的人通常不吃宠物、稀有动物、动物内脏、动物的头部和脚爪。另外，宴请外宾时，尽量少点生硬需啃食的菜肴，老外在用餐中不太会将咬到嘴中的食物再吐出来，这也需要顾及到。

4. 有些职业，出于某种原因，在餐饮方面往往也有各自不同的特殊禁忌。例如，国家公务员在执行公务时不准吃请，在公务宴请时不准大吃大喝，不准超过国家规定的标准用餐，不准喝烈性酒。再如，驾驶员工作期间不得饮酒。这点绝不能忽略了。

中国人一般都很讲究吃，同时也很讲究吃相。随着职场礼仪越来越被重视，商务饭桌上的吃和吃相也更加讲究。以下以中餐为例，简要说说餐桌上的礼仪。

中餐宴席进餐伊始，服务员送上的第一道湿毛巾是擦手的，不要用它去擦脸。上龙虾、鸡、水果时，会送上一只小水盂，其中漂着柠檬片或玫瑰花瓣，它不是饮料，而是洗手用的。洗手时，可两手轮流沾湿指头，轻轻涮洗，然后用小毛巾擦干。

用餐时要注意文明礼貌。对外宾不要反复劝菜，可向对方介绍中国菜的特点，吃不吃由他。有人喜欢向他人劝菜，甚至为对方夹菜。外宾没这个习惯，你要是一再客气，没准人家会反感："说过不吃了，你非逼我干什么？"依此类推，参加外宾举行的宴会，也不要指望主人会反复给你让菜。你要是等别人给自己布菜，那就只好饿肚子。

客人入席后，不要立即动手取食。而应待主人打招呼，由主人举杯示意开始时，客人才能开始；客人不能抢在主人前面。夹菜要文明，应等菜肴转到自己面前时，再动筷子，不要抢在邻座前面，一次夹菜也不宜过多。

一个人在进餐时的言行举止最能体现出他的涵养。一个吃相很好的人一定是个很有修养的人。总的来说，进餐时吃相要文雅，举止要得体，一般礼仪如下所述：

1. 用餐时须温文尔雅，从容安静，不能急躁。

2. 不要只顾吃，要照顾到别的客人，谦让一下，尤其要招呼两侧的女宾。

3. 与邻座交谈时，切忌一边嚼食物，一边说话。

4. 小口进食，不要大口地塞，食物未咽下，不能再塞入口。

5. 闭嘴咀嚼，不要发出咀嚼声。

6. 汤、菜太热时，不要用嘴去吹，要等稍凉后再吃。

7. 吃进口的东西，不能吐出来，比如烫的食物，可喝水或果汁冲凉。

8. 取菜舀汤，应使用公筷公匙。

9. 在餐桌上，手势、动作幅度不宜过大，更不能用餐具指点别人。

10. 自己手上持刀叉，或他人在咀嚼食物时，均应避免跟人说话或敬酒。

11. 好的吃相是食物就口，不可口就食物。食物带汁，不能匆忙送入口，否则汤汁滴在桌布上，极为不雅。

12. 若要咳嗽、打喷嚏，将头转向一边，用手帕捂住口鼻。

13. 不要伸懒腰、打哈欠，毫无控制地打饱嗝。

14. 如欲取用摆在同桌其他客人面前之调味品，应请邻座客人帮忙传递，不可伸手横越。

15. “感情深，一口闷；感情浅，舔一舔”。喝酒的时候决不能把这句话挂在嘴上。

进餐过程中有时难免会遇到一些意外事件，如何处理好这些意外才能不失礼仪呢？以下列举了一些常见的事件，供大家参考：

1. 自己的餐具若掉在地上，可向服务员再取一副。

2. 若不慎将酒、水、汤汁溅到他人衣服上，表示歉意即可，并递上手帕或餐巾。不必恐慌赔罪，反使对方难为情。

3. 失手打翻了酱碟，应向注意到你的人婉言致歉，不要大声嚷嚷，也不要没完没了地自责。

4. 席间一般关掉手机，或把手机调至振动。离席回电时，应向主人或左右的客人致歉，轻轻拉开座椅离去。

5. 等主人宣布宴会结束时，客人才能离席。客人应向主人道谢、告别，如“谢谢您的款待”“您真是太好客了”“菜肴丰盛极了”，并向其他客人告别。如果客人有事要提前离席，则应向主人及同席的客人致歉。

用餐结束后，可以用餐巾、餐巾纸或服务员送来的小毛巾擦擦嘴，但不宜擦头颈或胸脯；餐后不要不加控制地打饱嗝；在主人还没示意结束时，客人不能先离席。

【社交礼仪全知道】

这一点尤其需要注意：点菜时不要问服务员菜肴的价格，更不要讨价还价，这种做法会显得你小家子气，赴宴的人也会觉得不自在。

尊卑有序，举杯敬酒有讲究

酒，是宴请时必不可少之物。如何斟酒，如何敬酒，如何回敬酒，都是有一定讲究的。无论你是职场中的新人、上级、下级、男人、女人……当你去赴酒局的时候，你的礼仪和修养都会在敬酒这点上得以体现。

敬酒之前需要斟酒。按照规范来说，除主人和服务人员外，其他宾客一般不要自行给别人斟酒。如果主人亲自斟酒，应该用本次宴会上最好的酒斟，宾客要端起酒杯致谢，必要的时候应该起身站立。

如果是作为大型的商务用餐来说，都应该是服务人员来斟酒。斟酒一般要从位高者开始，然后顺时针斟。如果不需要酒了，可以把手挡在酒杯上，说声“不用了，谢谢”就可以。这时候，斟酒者就没有必要非得一再要求斟酒。

中餐里，别人斟酒的时候，也可以回敬以“叩指礼”。特别是自己的身份比主人高的时候，即以右手拇指、食指、中指捏在一起，指尖向下，轻叩几下桌面表示对斟酒的感谢。

那么，酒倒多少才合适呢？一般来讲，白酒和啤酒可以斟满，其他洋酒就不用斟满。

敬酒应该在特定的时间进行，并以不影响来宾用餐为首要考虑。敬酒分为正式敬酒和普通敬酒。正式的敬酒，一般是在宾主入席后、用餐前开始就可以敬，一般都是主人来敬，同时还要说规范的祝酒词。一般在5分钟之内讲完。无论是主人还是来宾，如果是在自己的座位上向集体敬酒，就要求首先站起身来，面含微笑，手拿酒杯，面朝大家。这时，所有人应该一律停止用餐或喝酒。主人提议干杯的时候，所有人都要端起酒杯站起来，互相碰一碰。按国际通行的做法，敬酒不一定要喝干。但即使平时滴酒不沾的人，也要拿起酒杯抿上一口装装样子，以示对主人的尊重。除了主人向集体敬酒，来宾也可以向集体敬酒。来宾的祝酒词可以说得更简短，甚至一两句话都可以。比如："各位，为了以后我们的合作愉快，干杯！"平时涉及礼仪规范内容更多的还是普通敬酒。普通敬酒就是在主人正式敬酒之后，各个来宾和主人之间或者来宾之间可以互相敬酒，同时说一两句简单的祝酒词或劝酒词。别人向你敬酒的时候，要手举酒杯到双眼高度，在对方说了祝酒词或"干杯"之后，再喝。喝完后，还要手拿酒杯和对方对视一下，这一过程才结束。而普通敬酒，只要是在正式敬酒之后就可以开始了。但要注意是在对方方便的时候，比如他当时没有和其他人敬酒，嘴里不再咀嚼，认为对方可能愿意接受你的敬酒。而且，如果向同一个人敬酒，应该等身份比自己高的人敬过之后再敬。

除此之外，敬酒的时候还要特别注意：敬酒无论是敬的一方还是接受的一方，都要注意因地制宜、入乡随俗。在东北、内蒙古等北方地区，敬酒的时候往往讲究"端起即干"。在他们看来，这种方式才能表达诚意、敬意。所以，在具体的应对上就应注意，自己酒量欠佳应该事先诚恳说明，不要看似豪爽地端着酒去敬对方，而对方一口干了，你却只是"意思意思"，往往会引起对方的不快。另外，对于敬酒者来说，如果对方确实酒量不济，也没有必要去强求。喝酒的最高境界应该是"喝好"而不是

“喝倒”。

在中餐里，还有一个讲究，即主人亲自向你敬酒干杯后，要回敬主人，和他再干一杯。回敬的时候，要右手拿着杯子，左手托底，和对方同时喝。干杯的时候，可以象征性和对方轻碰一下酒杯，不要用力过猛，非得听到响声不可。出于敬重，可以使自己的酒杯较低于对方酒杯。如果和对方相距较远，可以以酒杯杯底轻碰桌面，表示碰杯。

和中餐不同的是，西餐用来敬酒、干杯的酒，一般都用香槟。而且，只是敬酒不劝酒，只敬酒而不真正碰杯。还不可以越过自己身边的人和相距较远者祝酒干杯，尤其是交叉干杯。

有的人初入职场，很多礼仪都不懂，尤其是去酒局，往往会让你焦头烂额，不知所措。最终，闹出笑话，也给自己埋下了不良种子。那么作为职场新人该如何去敬酒呢？

当你和老板一起去赴酒局的时候，一定要帮老板挡酒。当然，自己作为公司的一员，也要代表公司去敬客户。这里有一点值得注意的是敬完客户，千万就不要再去敬自己的老板。别以为敬完客户，不敬老板就是失礼，要知道你是帮老板挡酒的，不是让老板来喝酒的。

上级劝下级喝酒容易，但下级要想成功向上级劝酒，就得以牺牲自己为代价。聪明的下属敬酒，首先得跟领导言明，自个干杯，领导随意。

下级向上级领导敬酒时，必须毕恭毕敬地站着，面含微笑，双手捧着酒杯，酒杯的高度不能超过领导的酒杯。喝酒的时候，要微微地欠着身子，说声：领导您请！领导没有举杯的时候，你千万不能先喝，等领导喝了，你才能喝。

一个好的上级，无论在工作中，还是酒桌上，都能体现领导者的智慧。上级给下级敬酒，杯中的酒蕴涵着多种意思，即使是空杯也代表亲民、慰问、鼓励和关怀。既然你已经与众多下属坐在一起，那么就要对下级和蔼一点，不要在酒桌上还摆领导架子，就像生活中朋友喝酒一样，多聊一些关心下属和群众的生活，或是工作之外的一些趣闻逸事等，这样下级觉得你这样的人很有风度的。

如果你是一名女性，参加酒宴时就要格外注意了。身为一个女性，怎么才能做到得体的敬酒、劝酒呢？

女性无论会不会喝酒，都要会劝酒。在敬酒的时候，女性的策略往往通过说话技巧反映得淋漓尽致！比如，她说，我给你倒杯酒，你要喝，不喝就是嫌我丑；比如，她说，我是不会喝酒的，今天看到你高兴，我也喝酒了，你说我都喝酒了，你应该喝几杯啊？这句话可大有学问，回答得不好，你就准备多喝几杯吧！

最后，女性在抵御劝酒也有自己的一套保身法则，所以男的尽量不要去劝酒！女性喝酒讲究矜持，也有尺有度的，基本上你把好话说尽了，她不喝就是不喝，所以为了以后不要不开心，就满足这个小小的“无理”要求。

【社交礼仪全知道】

无论你是去参加酒宴还是酒局，即使你酒量再好，都不要喝高，更不要酩酊大醉、人事不省。喝多酒不仅伤身体，还会令你大失礼仪。

尊重礼俗，不同民族习俗禁忌

我国是一个多民族的国家，不同民族都有各自的饮食习惯。因此，了解各民族的饮食习惯及禁忌尤为必要。现将一部分少数民族的习俗和禁忌简述如下。

满族

满族是个有崇高礼节的民族，礼节很多，对老人非常尊敬。晚辈见长辈，不分贵贱都要问安，还有请安、打千儿、半蹲礼、抱见礼、抚鬓礼、顶头礼等。亲友相见，不分男女一律行抱腰见面礼。随着时代的进步，现在满族人的见面礼许多礼节已经从简，晚辈见长辈以鞠躬礼居多，平辈以握手礼为常。不过在亲友之间，妇女们还保持着“半蹲儿”礼。

壮族

壮族是我国少数民族里人口最多的民族。如果有客人来访，主人亲自出面让座、递烟，并双手奉上茶。有客人在家，不可以大声讲话；进出要从客人身后绕行；和客人共餐要两腿落地，和肩同宽，不能跷二郎腿。

壮族人十分爱护青蛙，所以到壮族地区要严禁捕杀青蛙，更不能吃蛙肉。壮族人民认为狗肉、野味是美味佳肴、食中珍品。用餐时须等最年长的老人入席后才能开饭；长辈未动的菜晚辈不得先吃；必须双手给长辈和客人端茶、盛饭，茶饭均不能从客人面前递过去，也不能从其背后递给长辈；若餐桌上有鸡头、鸡翅，必须敬给老人。先吃完饭的人在离桌前要逐个对长辈、客人说“慢吃”然后再离席；晚辈不能落在全桌人之后吃饭。

壮族人普遍喜欢喝酒，但不爱吃胡萝卜、西红柿、芹菜等。招待客人的餐桌上有酒才显得隆重。敬酒的习俗为“喝交杯”，其实并不用杯，而是用白瓷汤匙。

彝族

禁食狗、马、熊等动物的肉；过年三天内禁忌新鲜蔬菜进屋；用餐后忌把汤匙扣在碗盆的边沿。

苗族

做客的时候，客人不能去夹鸡头吃，也不能夹鸡肝、鸡杂和鸡腿。鸡肝、鸡杂要敬给老年妇女，鸡腿则留给小孩；禁忌妇女与长辈同坐一条长凳；忌杀狗、打狗、吃狗肉等。

蒙古族

现在一般施握手礼，长辈对晚辈说你好，晚辈对长辈则说您好。但是一般情况下青年人见到老人是点头、鞠躬，并问安。如果和尊贵的客人见面，礼节就十分隆重。当得知客人要来的消息后，要在地界那里等候，并要准备酒肉和奶制品。见面时要敬献酒和哈达，以表达主人对客人的热情和真诚，在离别时也要送行，并敬酒、献歌。

锡伯族

十分注重礼节。见面时大都施握手礼，并说您好。但对老人和长辈却要“打千”，即把左腿向前迈半步，双腿下曲，双手按在左膝盖上问好。

维吾尔族

见面时把右手放在左边的胸前，然后把身体向前倾侧三十度，然后说“萨拉木来坤（祝福）”。如果一个人一次碰到十几个熟人，对每个人都要这样；如果遇到尊贵的客人或是长辈，则要把双手交叉放在胸前，并点头、鞠躬，以示对长者的尊重。妇女见面时就不施这种礼，而是互相拥抱，右脸面要挨一下，并说："萨拉木。"长者见到小孩时，小孩要先开口打招呼，老人则要吻小孩的脸蛋和额头；年轻人见面时，有的是握手礼，并说"亚克西木塞孜（您好）"。

哈萨克族

人们见面时，要伸出手握住对方的手，以示尊重和热情，并说"萨拉木来坤。"同时还要问七八个平安，其内容要问到老人、父母、妻子、兄妹、儿女、牲畜等。不然，则被认为不礼貌。妇女们见面时一般是点头、问候；若两人较长时间没有见面，那么见面时就显得格外热情并要拥抱，以示亲昵和思念。

塔吉克族

塔吉克族是居住在世界屋脊上的民族。他们的见面礼别具一格。晚辈见到长辈要先请安，妇女和男性长辈见面，男长者要先伸出左手，手心朝上，妇女拉着长者的指尖吻一下手心以示敬意。中年男性与长辈见面时可行握手礼，若交情较深，则要互相吻对方的手背。妇女们见面时一般要拥抱，年长者要亲吻晚辈的眼和前额，晚辈要亲吻长辈的手。平辈之间可互吻面颊或嘴唇。年轻小伙们见面时一般有两个动作：一是握手；二是把手送到对方唇边，互吻一下对方的手背。男女互相见面时，女的要吻男的手心，男的则要轻轻地按一下女的头部，以示敬意。塔吉克人十分注重礼节，即使见到素不相识的远道来客，也要热情问候，并把双手拇指并在一起，热情地说"更艾力卖右卓（相互支持）”。

俄罗斯族

亲朋好友见面时，一般要拥抱，亲吻面额。一般人见面时只握手，并说您好，然后还要问一下健康、工作和家里人的情况，当别人问完之后要说声谢谢，以示礼貌。

伊斯兰民族

最大的特点之一是禁猪，他们忌讳提到与“猪”有关的任何词语。清真食堂所用的炊具、餐具和汉族食堂的炊具、餐具要严格分开，供清真食堂食用的牛羊肉均由信仰伊斯兰教的民族群众亲自宰杀，并且严禁与猪肉一起存放、运输和买卖。清真食堂的管理人员、炊事人员一般也由这些民族的职工担任。

【社交礼仪全知道】

汉族作为我国主体民族，日常生活中也有很多禁忌。比如，忌吃饭前敲碗、桌；忌将筷子插在已盛饭的碗中；忌饭后扣碗等。主客交谈时家人应避开，吸烟时不能对着客人打火、吐烟雾，咳嗽或打喷嚏时应把脸扭向旁边，掩住口鼻。客人走时要让客人先行，并送至门外。

回族餐饮戒律：这些你要牢记

回族在饮食方面最突出的习惯就是禁食一些食物。在肉食方面，回族只食蹄分瓣、反刍的动物肉，如牛、羊、鹿、骆驼、山兔的肉；禽类中只食鸡、鸭、鹅、鸽、鸠的肉；水产只食鱼和虾。在这些可食动物中，不吃自然死亡的动物肉，也不吃外族人屠宰的动物的肉；必须是清真寺四掌教（刀师傅）或阿訇屠宰的方可食用。可食的部位包括：筋、骨、油、肉、肝、心、腰、肺、皮、肠、肚、管、头、蹄等。不可食用的部位包括：肛门、生殖器、鼻须、耳、脊髓、爪和蹄壳、脑和脑汁、牛鞭、睾丸、膀胱、胰、血液、衣包等。

第八章

通信联络：抢占先机，礼术就是战术

现代商务中，电话、电子邮件、微信、QQ等，已成为常见的通信、交流工具，并成为公共关系礼仪的重要内容。电联通信不仅成为便捷的通信手段，更是人们日常生活中重要的交际方式。因此，现代通信礼仪的作用也就逐渐明显，商务人员有必要在电联通信时注意维护自身形象，维护企业形象。

注意声音，你的情感可以传递

当有人给你打电话时，尽量及时接电话，不要让对方等太久。如果你因故迟接了电话，用你的声音恰到好处地传达你的歉意。声音是人的第二张脸，别忽略了你这张“面子”。一个人的身份、修养、学识，都将从他的声音中流露出来。那些杰出的商业领袖，总能在合适的场合，通过他们或慷慨激昂，或舒缓有度的声音和语调，展现自身的良好形象。

现代社会，电话已成为我们日常生活不可缺少的信息交流工具。因此，怎样使别人由你的声音而获得好感，是人人都应该注意的事情。

在我们打电话时，究竟应该抱着什么样的态度才好呢？请你先记住：表情和动作虽不能直接派上用场，但可以借助轻重缓急的语调，使你的声音更悦耳动听；打电话如果不善于辞令，就不易收到好的效果；打电话时你在对方头脑中树立一个什么样的形象，完全取决于声音的表达，所以要特别注意对话时的用语。

下面则是几条打电话应遵守的礼貌：

先说自己的姓名，再确认对方是谁。

问清对方当时是否方便与你交谈。

准备好记事本，记下将要谈的话题。

清楚记下下一次联络的时间、地点或电话号码。

使用公共电话时，请告诉对方，尽量抓紧时间，语意简明。

考虑对方是否能听得清楚。

如果对方声音太小，不妨这样说："对不起，我听不太清楚，请大声一点好吗？"

电话中的惯用语，用之得当，会使人觉得亲切温暖，以下是几种惯用语：

对不起，在百忙之中，能耽误您一点时间吗？

真不好意思，每次都打扰你。

我想和您商量几件事情，好吗？

麻烦您了，非常感谢。

拜托您了，真是感激不尽。

如果你能将这些惯用语在电话沟通中多多运用，必能给对方留下良好的印象。

不仅要在电话沟通中注意自己的语音、语调、语速，在日常沟通中，声音也非常重要。平实的话很自然，因此能给人一种真诚的感觉，所以平实的话远较有意地使用很多说话者感到舒适。

"只要她一开口，你便知道她是不是一位有教养的女士"这并非夸张之语。谈话动人的第一要素是动听的声音。一个低的声音而非音域的低，永远比勉强逼出来的高声音来得好听。另一方面，声音有气无力得简直要消失，或者低得只有聚精会神才能听得清楚，则更让人难受。要想使你的话让别人听到并达到你想要的效果，主要是发声的问题，如果你适当的呼吸，而且清楚地发音，则低的声音也可以使人听清楚，而且听来很悦耳。

在社交场合中和办公室中，老是要请"嗫嚅的人"重复他们所说的话，是一件很烦人的事。可是那些大声说话的人却很少想到，他们的喊叫声不仅刺耳，而且极失风度。使人厌烦，使人疲倦和使人不耐烦的，就是那种滔滔不绝，全然不管勉强听话的人愈来愈重的倦意的谈话。

我们的声音可以是平和的、欢快的、阳光的，也可以是尖酸的、忧郁的、刻薄的；可以是深刻严谨的，也可以是轻浮浪漫的。我们完全可以通过学习发音的技巧，控制语调来打磨声音的立体形象。

任何不正确的发声、过度疲劳的用声，都会给我们的声音带来极大的摧残，也都是对我们自身形象的损毁。成功人士总能通过他们或慷慨激昂或舒缓有度的声音魅力，制造出他们希望留给他人的良好形象。

渴望成功的你，从现在开始，就像重视自己的脸面一样关注自己的声音、美化自己的声音吧！让你的声音如同你的外表一样生动起来，让富有感召力的声音为你的事业锦上添花！

有人说嗓音是身体的音乐，语调是灵魂的音乐，的确如此。当你讲话的声音非常具有感染力时，别人就可以借此理解你更为丰富的情感世界，人们也更愿意听你的讲话。因为喜欢听你讲话的人，想对你没有好感都不成。

请关注自己的声音、美化自己的声音。让富有感召力的声音为你的形象锦上添花，用有感染力的声音给自己制造成功者的形象。

【社交礼仪全知道】

微笑是声音最好的润滑剂。除非特别需要，大嗓门讲话只能代表你的实力不够，夸张的讲话口型也不可取；反复听自己的声音录音，可以帮助你矫正声音的不足。

往来邮件，互联沟通中有礼有节

如今，互联网已融入到人们的生活中，成为现代人工作、学习、生活、休闲等不可或缺的必要工具。无论在电子商务还是私人往来时，人们都会用到电子邮件来传递文件、交流意见、沟通情感。虽然只是一封电子邮件，但也处处体现出一个人的修养，邮件的内容很可能决定一件事情的成败。比如，一份详略得体、有礼有序的个人简历邮件，可能助你登上更好的工作平台；而一份漫不经心的求职邮件就有可能石沉网海。

电子邮件一般包括：主题、称呼、正文三大部分。那么，在电子邮件往来中，需要遵守哪些必要的礼节呢？

一、主题

邮件的主题就是邮件的眼，一定要提纲挈领，主题鲜明，让人一目了然。添加邮件主题是电子邮件和邮政信笺的主要不同点，在邮件主题栏尽可能用较少的字概括出整个邮件的内容，这样便于收件人权衡邮件的轻重缓急，分别处理。

添加邮件主题要注意如下几点：

1. 一定不要不写标题，这在邮件往来中是最失礼的行为。

2. 标题不宜冗长，一定要简短。

3. 最好注明来自××公司的邮件，以便对方收到邮件后了然于心，便于留存。因一般的邮箱会自动生成时间，故而可以省略。

4. 标题要醒目地表达出邮件的内容和重要性，切忌用语含混不清，比如“张先生收”。更不要使用没有实际内容的主题，比如：“嗨”“收着”等。

5. 一封邮件尽可能只针对一个主题，不宜在一封邮件中谈及多件事情。

6. 为了突出标题，引起收件人的注意，可适当使用大写字母或特殊字符，但应适度，千万不要随意使用“紧急”之类的字眼。

7. 回复对方邮件时，应当根据回复内容的需要适当更改标题，不要“RE”一大串。

8. 最为重要的一点是，邮件主题栏千万不能出现错别字或言语不通顺，在邮件发出前一定要检查一下主题。主题是给你留在邮件往来时给别人的第一印象，一定要谨慎对待。

二、称呼与问候

1. 称呼得当

称呼格式：第一行顶格写。

邮件的开头要称呼收件人。既是礼貌，也是明确提醒收件人此邮件是发给他的，要其给出必要的回应；在同时发给多个收件人的情况下也可以称呼“大家”或者“ALL”。

如果清楚对方职务，应按职务尊称对方，如“×经理”；如果不清楚对方职务，则通常称为“×先生”“×女士”“×小姐”等。

对于不熟悉的人不宜直接称呼其英文名，对于级别高于自己的人也不宜称呼其英文名，称呼全名也欠缺礼貌，更不要随意使用“Dear ×××”。

2.开头结尾都用问候语

开头问候语格式：称呼后换行，空两格写。

最简单的开头，英文写“Hi”，中文写“你好”或者“您好”。

结尾常见的，英文写“Best Regards”，中文写“祝您如意”“敬颂×安”等。若是长辈应使用“此致敬礼”。

此外需要注意的是，在正式场合应完全使用信件的标准格式，“祝”和“此致”为紧接上一行结尾或换行开头空两格，而“顺利”和“敬礼”则须再次换行并顶格写。

三、正文

1.简明扼要，文通句顺

若对方不认识你，首先要说明自己的身份、姓名或你所代表的企业名称，以示对对方的尊重。点名身份要简洁扼要，不可过多，有些联系方式或与正文无关的信息应在签名档写明。

邮件正文应简明扼要地说清事情；如果内容多，正文应只做个摘要性介绍，再以附件进行详细描述。

正文行文应准确清晰的表达，多用简单的词汇和短句，切勿出现晦涩难懂的语句。

2.注意论述语气

根据收件人与自己的熟络程度、等级关系；邮件是对内还是对外性质的不同，选择恰当的语气进行论述，以免引起对方不适。

尊重对方，请、谢谢之类的语句要经常出现。

电子邮件可轻易地转给他人，因此对别人意见的评论必须谨慎而客观。“邮件门”就是深刻的教训！

3. 复杂之事多用标题，以清晰明确

如果事情复杂，最好用标题，如1、2、3……，列成小段落清晰明确地说明。切忌长篇大论。

4. 一次邮件交待完整信息

最好在一次邮件中把想要表达的信息全部说清楚。尽量避免出现再发一封“补充”或“更正”之类的邮件，这种做法很可能会引人反感。

5. 避免拼写错误和错别字

正确输入语句，既是对别人的尊重，也是自己态度的体现。必要时使用拼写检查。在邮件发送前，仔细阅读一遍，看有哪些疏漏之处，同时检查行文是否通顺，拼写是否有误。

6. 提示重要信息

适当使用大写字母、颜色字体、粗体斜体、加大字号等，对一些信息进行必要的提示。提示不宜过多，以免影响对方阅读。

7. 利用图片、表格等辅助表达

一些带有技术介绍或讨论性质的邮件，单纯用文字很难表述清楚。最好配合图表加以阐述，收件人一定会表扬你的体贴。

8. 在商务信函里，不要随意使用“ :) ”之类的笑脸字符，避免给人以轻佻之感。

【社交礼仪全知道】

邮件十忌：一忌不称呼；二忌乱称呼；三忌回复所有人；四忌把上司列为收件人之一；五忌不将人名排序；六忌正文不分段；七忌不突出重点；八忌不感谢；九忌结束语太多；十忌不署名。

来往信函，格式和用语专业规范

随着科技的发展，手机、电话、互联网等的普及，人们往往忽视了写信的作用。但若要加强对方的印象，尤其是需要向对方表达谢意时，写信的效果要比打电话好得多。

为什么呢？因为写信比打电话麻烦。因此，写信往往给人一种有诚意的感觉。并且信件可永久保留，每读一次信件，对对方的印象就会不由自主地加深一次。另外，信函是一种视觉的效果，通常视觉效果，比听觉效果给人的印象更深刻。

还有一点也相当重要。那就是一些在电话中不好意思说，比如“此恩终身难忘”之类的话，用信函来表达就容易得多了。一封有礼有节、真诚的信件总能给对方留下较好的印象。

通信最基本的礼节是有信必复，不能拖延。有人很高兴收到别人的来信，却不及时回信，一拖再拖或干脆不复，抑或草率从事，这都是对别人的不尊重。

通信要求按照固定的格式书写，字迹要清晰、工整，语言要连贯、流畅，不应随便乱涂乱改，不会写的字可以查字典，但是不能偷懒注上拼音或以同音字来代替。

使用打字机打出的私人信件，最好在末尾再写上几行亲笔字，至少也要有亲笔签名，以示尊重。贺信、唁函一类的信件，以亲笔书写为最好。写信用钢笔为最好，不宜用铅笔，但是墨水要有选择，如有些国家红色墨水表示断交，绿色墨水表示恋爱。

信中的称呼要根据实际情况，依对方与本人的关系而定，一般关系应用尊称，关系特别密切的人之间可用昵称。

信件是交流感情的手段，信的内容不必拘谨，可以在信上充分表达自己的思想和感情，使之具有鲜明的个性。

一个有教养的人不应在信中只谈论自己，而应适当向对方表达自己的关心。

信写好后要按规范叠好装入信封。信纸不要乱折乱叠，邮票要贴在信封正面的右上角。

明信片只适合问候，它是开放式的，所以明信片不宜表白个人隐私，而风景明信片只能用以问安和致贺。

1. 写信应注意的礼节

（1）话语要表示亲热。没有亲属关系的，可称“某某同志”，也可按职务称为“某某教授”或“某经理”之类，对高龄者也可称“某老”；给平辈写信，一般名字前面不宜冠姓，有无亲属关系均可称兄道弟，并无特殊要求。对于有名有字者必须用字称谓以示严谨。写给小辈，有亲属关系的，可用名字加称谓，也可称呼其名；无亲属关系的，可称呼“某某同志”“小王”“小李”之类的。

（2）要有热情的问候语。信的开头要顶格写称呼加冒号，然后第二行空两格写问候语，问候语可长可短，即使只用“你好”两字，也能体现出写信人的真诚。

（3）正文要言简意赅，切忌长篇大论。写信结束后，就如向朋友告别一样，道声“珍重”同样是非常重要的。祝贺语有格式上的规范要求，一般分两行书写，上一行前空两格，下一行顶格。祝贺语可以套用约定俗成的句式，如“祝你健康”之类，也可另辟蹊径，触景生情。

（4）正确地使用敬语、谦语。敬语、谦语在书信中的使用频率很高，如称别人的书信为“大礼”“惠书”，读别人的信为“捧读”，信末署名自称“后学”“愚弟”等。

信封书写要正确、清晰。这是对邮递员的尊敬。收信人的名字后面要写上“同志”“先生”等称谓，不能写“外公”“阿妹”之类，因为这不符合邮递员与收信人的关系。

2. 回复信件应注意的礼节

信件本来就是一种相互往来的过程，收信后必然要回复。复信要注意的事项有如下几点：

（1）要及时阅读来信。见信如见人，收到信件后一连几天不看，犹如把客人拒之门外，这是很不应该的，而且拖延看信可能会延迟某些重要的事项和信息。根据来信内容决定是否复信、何时复信和如何复信。在复信时，最好说一句是几月几日收到你的信，以免让对方担心信件是否送达。

（2）有些来信可能是求教某个问题或托办某件事情，收信人应明确予以回答。凡是应该帮助而自己又能帮助的，应尽可能伸出援助之手；如果爱莫能助，则应坦诚地说明情况，以取得对方的谅解，并且不致耽误对方及早寻找其他方法。自己可以帮助一臂之力时又办不好的事，也应先给对方复信，以免对方久等。总之，对来信提出的要求，收信人应该坦诚相对、置之不理或避而不答，是不合礼仪要求的。

（3）有时由于种种原因，例如地址更换、出差在外、转信人耽搁等，导致收信人没能及时收到来信，甚至因此贻误了办事的时机，对此，收信人应在收信后立即向对方说明事实情况，取得对方的谅解，并尽可能设法采取一些弥补的措施。

（4）对于社会知名人士来说，由于经常收到一些不相识的崇拜者的来信，最好请人专门帮助回复，或者挑出部分信件自己回复，保持与大众的交流与联系。因为对这些信件一一答复，显然是不可能的；一概不理不问，视而不见或视若包袱，也是不合适的，同时还可以选择适当的机会和方式，如通过新闻媒介向来信者表示自己的谢意。

【社交礼仪全知道】

通信自由是受法律保护的，任何人不得私拆、偷看他人信件，亲人也不例外。对他人的信件在收到后要妥善保存，不要乱塞乱扔，或者拿来包东西，要妥善保管信件。

微信、QQ 社交，这些细节决定成败

微信和QQ都是人们常用的即时聊天、通信软件，已成为人

们日常工作、生活必不可少的通联工具。无论上司、同事，还是朋友、家人，多数情况下都通过微信或QQ保持联络。因此，掌握必备的微信、QQ社交礼仪是十分必要的。

微信、QQ日常礼仪：

当我们使用微信与人联络时，就免不了日常的早安、晚安问候，以及节假日的祝福、问候。

一、问候要真诚

1. 日常问候。避免只发表情，没有文字信息；可以从关怀对方的角度出发，比如提醒添加衣物，下雨带伞等；发一段励志小文，传递正能量的同时，以示对对方的关注和支持。

2. 节假日问候。避免群发祝福，再美的转发也不如自己写的祝福来得更真切；一定加上对方的称呼，注意敬称的使用；末尾属下自己的姓名或昵称，以便让他人记住你。

二、发送消息要简洁扼要

1. 文本消息。正确无误，称呼得当；简短明了，切忌长篇大论；适当发图，补充说明；文明用语，勿带歧视。

2. 语音。若非熟人，语音前首先应征求对方的同意。如果对方是很重要的人，或者是高端人士，发语音之前一定要征求对方的意见；讲普通话，声音标准清晰；安静环境下发送，避免嘈杂；考虑对方的上网环境，语音消息以短为宜。

3. 图片。内容健康，清晰可见；数量适宜，大小适宜。

三、回复消息要及时

1. 收到消息应当第一时间回复。

2. 如果有特殊情况比如在开会或者开车，一定要说明情况，并约好回复时间。

3. 文明用语，不使用粗俗、轻佻的语句。

4. 考虑到对方的立场，不要催促对方回复，尊重对方的意愿。

四、发送文件先征求对方意见

1. 视频。征求对方的同意并说明所发视频的主题；画面要清晰，大小要适宜。

2. 名片。事先要征求对方的同意并说明用意。

五、转发文章注意事项

微信群、QQ群、QQ空间和微信朋友圈就像是一个个公开的言论场所，网友可以通过你发表的消息得知你的近况。有的人群太多，工作也忙，无暇顾及这些，所以为了尊重微友们的时间和心情，在使用微信或QQ时应注意如下几点：

1. 转发前要事先点赞或在评论中告知转发分享的原因。

2. 转发时把版权交代清楚。链接分享要注明转自哪里，原创作品要注明原创人。

3. 杜绝传递负面情绪。

4. 不发布或转发“如果不转发就……”等带有诅咒性字眼的微信。

5. 若非必要，不要在微信群里单独与某人聊天，以免干扰别人。

6. 建群前请与微友沟通好，避免把互不相识的人拉进一个群。

7. 微信不能保证时时在线，重要的事情还是电话联系。

8. 不发布低俗的黄色信息或涉及国家机密、别人隐私等信息。

9. 无论发文字、图片或表情，都不要刷屏。

10. 不在群里随便发语音，发语音前先征求群友的意见。同时，尽量避免发很长的语音，以免给他人造成流量压力。

11. 可以在朋友圈里统一发祝福微信。对于平时联系较多的师长、亲友，还是单独发祝福为好。这样更能表示出你的诚意。QQ可以在签名栏发祝福短信，上线的朋友会看到。

12. 微信朋友圈或QQ空间，要保持适时的互动，别人赞你也要回赞，以示捧场和谦逊。

13. 不要轻易转发捐款、捐助、收养等链接，如要转发请在转发之前核实，以免虚假信息给朋友造成伤害，这也是对自己信誉的维护。

14. 尽量别在别人午睡时间发消息，晚上12点以后尽量不在群里发微信。

微信、QQ商务礼仪：

一、昵称和头像

昵称尽量使用真实姓名，最好注明公司名称或者产品名。头像尽可能地接近本人，以亲切真实为准并能很好地突出你的职业特征。

二、签名

尽量提供对你的工作有利的信息，让别人看你签名就知道你想合作的大体方向。签名要简洁易懂。

三、打招呼

对于商务往来，不要只说“你好”或“在不在”就没有下文，要顺带说明来意。在索要对方微信或QQ号码时，要先问是否方便加为好友以便日后联系。加友后自报家门，用最简短的方式介绍自己。

四、关于群聊

拉别人进群之前一定先征求被拉对象的意见。群昵称的修改要结合群的主题，以清晰明了为准。群聊时避免与人发生冲突或矛盾，更不要爆粗口。无论你多么有理，只要脏话一出口，你在别人眼中的印象就大打折扣。

五、朋友圈

发朋友圈之前看还有哪些消息没有回复，给朋友一一回复后再发朋友圈。避免整天炫耀吃喝玩乐，多发些具有人生启迪、与生活密切相关的链接。如果做微商，尽量控制发朋友圈的次数。在未征求别人同意时，不要把和别人的聊天界面分享到朋友圈。朋友圈有人点赞或互动，看到要及时回复。

六、重要事宜

对于非常重要的事情，能语音不发文字，能打电话不发微信。

七、关于验证

不要怀疑别人是否把你拉黑，更不要发所谓的群发验证消息。此举一方面会体现出你对别人的不信任，会让别人觉得自己不被信任；另一方面，如果别人给你发验证消息，你可以视情况尽可能将其拉黑，因为此举说明他本身没有自信或对你不信任。一个不自信并对你不信任的朋友留着也没必要。

八、关于回复

杜绝使用“哦”或“呵呵”回复别人，这会给人感觉你是在敷衍。如果有事需要离开，中断聊天前要跟对方说明，别让对方傻等。这是最起码的礼节。

九、关于表情

微信、QQ上不同的表情体现不同的气质，以及你想要通过表情传递的情绪。在发表情时既要结合自己的心境，又要考虑别人的感受。坚决杜绝转发低俗、猥琐的表情。

十、其他事项

任何时候都要遵守长幼尊卑之序。男的不要问别人要照片，女的不能要求别人发红包，做到四不：不求赞，不求转，不求投票，不发广告。

【社交礼仪全知道】

即时通信工具虽然便捷，但因网络的局限性，也有很多弊端。因此，一定要增强自我保护意识，添加陌生人时要谨慎，尽量不加陌生人。

警惕网络陷阱：虚假言行要甄别

1. 交友陷阱：打着网上交友的招牌，用虚假信息欺骗对方财色。

2. 求职陷阱：利用网上招聘信息，骗取求职者财色。

3. 股票陷阱：在网上散布虚假信息，故意哄抬股阶，借机赚钱。

4. 链接陷阱：一些不明网站会在不经意间点开带有病毒的链接，因此下载软件时要谨慎。

5. 饼干陷阱：利用“饼干程序（cookie）”盗窃用户资料，达到控制用户的目的。

6. 老鼠会陷阱：以直销为名，变相吸收和发展老鼠会员，骗取会员钱财。

7. 信用卡陷阱：在网络上发布诱人的购买信息，引人填写表单，骗取账号及信用卡资料。

8. 二手陷阱：是二手货交易中卖方设下的陷阱，吃亏的总是付款者。

9. 竟拍陷阱：此骗术的秘密在于找“托儿”，哄抬拍品价格，诱人高价买走拍品。

10. 销售陷阱：以网上销售廉价物品等为名，要求将运费汇往某地，以此骗取运费。

11. 邮件陷阱：制造者发出所谓的“幸运邮件”，诱骗汇款。

总之，对付“网上陷阶”要做到三点：一是戒贪；二是戒黄；三是要做“网通”。网络骗子无机可乘，陷阱自然失效。

第九章

涉外礼仪：与外国人交往不失大体

无论是国家机关人员，还是商界领袖、社会团体的代表，其在涉外场合的行为举止，不仅仅是一种私人行为，更会产生一定的影响。不仅关系到本公司、本社团的形象，影响到交易的成败，甚至会影响到国家的荣誉。因此，每个公民应遵循：当你在国外，你就是中国人的代表，你的言谈举止决定他国人对我们国家的评价。为了维护我们个人、企业、国家的对外形象，都应当学习礼仪知识，了解、重视并遵守国际上的通用的礼节与礼仪规范。

彬彬有礼，享受西宴的高雅格调

目前国际通行的宴请有宴会、冷餐会、酒会、茶会、工作餐等形式。酒会是其中较为常见的社交形式。按照国际惯例，最隆重、礼节性最强的招待活动是午宴和晚宴。

当你受邀参加西式正式宴请，你最好是客随主便，你的座位、讲话顺序等都要听从主人安排。尤其要注意的是正确使用西餐餐具。在西餐餐具中，除了汤匙与黄油刀以外，其他的餐具都是成对使用。当你面对令人眼花缭乱的餐具不知如何使用时，最简单、实用的做法就是从外向里依次使用。如果你不小心用错了餐具也不要表露出过多的自责情绪，你需要继续从容地用餐，可以向大家坦言自己并不习惯使用这些餐具，同时也可以就某个餐具的使用方法向别人请教。

拿餐刀时动作要优雅，不要跟握笔的姿势一样，但当使用汤匙与布丁匙就要像拿笔一样使用了。在用餐过程中需要开口讲话时，要把刀叉以“八”字型搭在盘子上。当你结束进餐，可以把餐具平行地放在盘子中间，或者斜摆成四点或者十点钟的位置，服务员会据此知道你已用餐完毕，并撤掉你的餐具。

欧洲人吃饭的习惯是同时握着刀和叉，而美国人则不同，他们喜欢用刀叉切割完食物后，放下右手中的刀，将叉子移至右手再继续进餐。

在西餐的正式场合通常都配有餐巾。餐巾的位置应该放在膝盖处，切不可将餐巾当作围巾系在脖子上。用西餐时最容易露怯的是吃意大利面条。意大利面条的正确的吃法是：先用叉子把面条挑起来，并耐心卷好，再用勺子协助送入口中。

如果你是受邀参加酒会，那这应该是最放松的事了。通常情况下，酒会中的酒类品种比较多，还有不同酒水调制的鸡尾酒，还会备有各类果汁和饮品，以及小吃，如三明治、面包卷、水果等。当你拿取这些食物时最好使用牙签，千万不要直接用手去拿取。在酒会中，你不必太受拘束，可以与人随意交谈，轻松的氛围也是进行交流、意向洽谈的最好方式。当你心中已经定好了此次社交的目标，最好是主动出击，主动搭讪。在酒会上太过贪吃，或只与少部分的人交流，可不是明智之举。

在参加酒会前，你可以事先在头脑里想一些方便聊的话题，以便在酒会中和陌生人交谈，避免发生尴尬的局面。嘴里正在嚼着食物，或者对方正在吃东西时，不要主动同人说笑。当主办方或主宾致辞祝酒时，你要暂停进餐和交谈行为，以示对他们的敬意。如果在酒会上你不慎碰洒了酒水，或者碰掉了餐具，千万不要自己弯腰清理，你要表现得沉着冷静，礼貌地叫服务生过来打理。

无论你是参加正式宴请还是一般的酒会，中途都不要退场。如果的确有很急的事，应事先向主人打招呼后再悄悄地离开。在酒会结束后，晚些时候或第二天要以邮件或者微信、短信等形式，向邀请者表示真诚的谢意。

此外，参加西方人的宴请，还要格外注意饮用咖啡的相关礼仪。

咖啡，是西方人常见的饮品，就如我们喝茶一般平常。咖啡可以自己磨好咖啡豆后用咖啡壶煮制，也可以直接用开水冲饮速溶咖啡。人们一般认为自制的咖啡档次较高一些。

饮用咖啡时，加牛奶和糖的，称之为牛奶咖啡；不加牛奶和糖的，称之为清咖啡。加入咖啡的糖通常是方糖。方糖会被放在专门的器物里，可先用糖夹将方糖夹在咖啡碟的近身一侧，再用咖啡匙把方糖加入咖啡中；如果是砂糖，就可用咖啡匙直接舀取，加入杯内。

咖啡匙是专门用来搅拌咖啡的，在饮用咖啡时应当把它取出来。千万不要用咖啡匙舀着咖啡一匙一匙地喝，也不要用咖啡匙来捣碎杯中的方糖，而应慢慢地搅拌。如果刚煮好的咖啡过热，可以用咖啡匙轻轻搅拌使之冷却，或者待其自然冷却，再饮用。有人习惯用嘴把咖啡吹凉，这其实是最不合礼仪的动作。

在餐后饮用的咖啡，一般都是由侍者用袖珍型的杯子盛出。此类杯子杯耳较小，需要放在杯碟里。盛放咖啡的杯碟也是特制的，应将它们摆放在面前或偏右侧，杯耳的方向也应指向右方。咖啡杯的正确拿法是：拇指和食指捏住杯把儿将杯碟轻轻端起。喝咖啡时，用右手稳拿住咖啡杯耳，左手轻轻地托着咖啡碟，然后再慢慢地挪向嘴边，轻啜慢饮，千万不要发出响声，尤其是很大的响声。喝咖啡的动作要优雅，切不可举杯大口地喝，或者低下头去吸咖啡。

有时，我们也可能会遇到一些不方便的情况，比如，你坐在远离桌子的沙发上，不方便双手端着咖啡饮用。此时，你可以用左手将咖啡碟置于齐胸的位置，稳稳地端着，小心咖啡外溢，然后再用右手端着咖啡杯饮用。添加咖啡时，也不要把咖啡杯从咖啡碟中拿起来。饮毕咖啡，应将咖啡杯放回到咖啡碟中，若将二者分别放置，将是很失礼的行为。

有时，饮咖啡可以吃一些点心，但不要两手并用：一手端着咖啡杯，一手拿着点心，吃一口、喝一口。正确的做法是：饮咖啡时放下点心，吃点心时放下咖啡杯。

按照上面的一些礼仪规则，你就可以充分享用西宴的高雅格调了。当你掌握了这些基本礼仪，举手投足间都会散发出无穷的魅力。

【社交礼仪全知道】

在享用西餐美味时，在用刀叉时千万不要弄出很大的响声。如果食物不好切割，可先放下缓一级。更不可直接用嘴去咬，这是很失仪的行为。

穿出权威，风度翩翩去赴商务宴

相比于东方的传统文化，西方人更注重商务宴请时的着装。有智慧的男士知道如何应各种场合的需求来调整自己的着装，一方面可体现出他的权威，又一方面又折射出他的高雅品味。

西装大体可以分为三种类型：

1. 最具权威感的全套西装

在主持或参与会议等重要场合中，两件式或三件式（含西装背心）的全套西装搭配衬衫、领带，是男士的最佳选择。对于企业文化较保守的行业来说，这也是适合高管的日常穿着。其中值得一提的是，深蓝色、深灰色的西装最具权威感，它透露出智慧、成功、沉稳等服装语汇，不但适合各阶层主管穿着，也适合出席商务会议、拜访客户时或想往管理阶层发展的专业人士穿着。

在西装、衬衫、领带的配色方面，有“对比色”和“同色系”两种搭配方式，西装、衬衫、领带三者的色彩对比越强，就越能营造一种权威感。例如，深蓝色西装、白色衬衫搭配红色领带已成为大部分的政治人物与高管接受的搭配模式。

2. 权威感与亲切感兼具的半套西装

西装外套和西装裤不同布料、不同颜色的半套西装，适合创意行业的主管在平日办公或开会时穿着，也适合传统行业的主管在休闲星期五或商务餐宴时穿着。

至于搭配，如果西装外套与西装裤是同色系，则衬衫或领带可以和上下身呈对比色，也可以同属一个色系。例如，中灰色西装外套与深灰色西装裤，搭配白衬衫、豆沙红领带，这就属于对比色搭配；而若搭配白衬衫、银灰色领带，则属于同色系搭配。如果西装外套与西装裤是不同色系，如深蓝色西装外套与卡其色西装裤，此时衬衫或领带要有一样是与西装裤同色或同色系。例如，搭配白衬衫、红与卡其两色相间的条纹领带（领带图案与西装裤同色系）。

3. 商务便服如何穿出权威感

当办公室的着装要求是商务便服或是在休闲星期五或参与客

户的非上班时间的餐宴时，可以穿着商务便服，可以利用衣服的浆挺度、色彩的对比、有领子有袖子的衣服来衬托出权威感。

西装是一种国际性服装。一套合体的西装，可以使人显得潇洒、精神、风度翩翩。穿着西装时应注意如下几点：

1. 面料要根据季节和场合来选择。

2. 在正式场合穿西装，最好要精心选择衬衫和领带。

3. 西装袖子的长度以到手腕为宜，西装衬衫的袖长应比西装袖子长出 1~2 厘米。

4. 穿着西装，在较隆重的场合必须系扣。

5. 衬衫的领子要挺括，系扣。衬衫的下摆要束好。衬衫里面一般不要穿棉毛衫，天冷时，衬衫外面可穿一件羊毛衫。

6. 凡是正式场合，穿西装都应系领带。穿着羊毛衫时领带应放在羊毛衫内。系领带时，衬衫的第一个纽扣要扣好。如果使用领带夹，领带夹一般在第四、五个纽扣之间。但在欧洲一些国家里，使用领带夹被当成一种坏习惯。

7. 穿西装一定要穿皮鞋。一般是黑色或棕色皮鞋。皮鞋要上油擦亮。

8. 西装在穿着时可以敞开，也可以扣上第一粒纽扣（亦称“风度扣”）。但不能两粒纽扣全扣上。西装的袖口和裤边都不能卷起。

9. 西装的衣袋和裤袋里，不宜放太多的东西，显得鼓鼓囊囊。也不宜把两手随意插入衣袋和裤袋里。

10. 穿西装不扎领带的时候，衬衫的第一粒纽扣不要扣上。

男士应注意如下穿着礼仪：

1. 长袖衬衫礼仪

只要是在正式的国际场合，男士们一定要穿上长袖的衬衫，以示隆重与尊重。并且男士在西装里面也要穿着长袖衬衫，短袖衬衫只适宜非正式场合穿着。

2. 袜子礼仪

男士要避免西装搭配运动袜或白袜，或者在高尔夫球场等休闲场合穿着上班时穿的黑袜。在正式场合穿着西装时，只需让袜子搭配鞋子的颜色，即黑色鞋配黑色袜子、咖啡色鞋配咖啡色袜子。

3. 西装扣子礼仪

“坐时解扣、站时系扣”是男士基本的西装礼仪。扣扣子时，若男士所穿的西装只有一颗扣子，就直接扣好；如果是单排两颗扣的，只需要扣上面的一颗扣子就行；如果是单排三颗扣的西装，可以只扣中间的那颗扣子，也可以扣上面的两颗扣子；如果是双排扣西装，扣上与“内扣”对应的外扣即可。

4. 领带礼仪

领带长度以碰到皮带头为宜，过长或过短的领带都会贻笑大方。而领带的图案与颜色除了搭配西装之外，还要考虑到出席的场合；严谨的商务场合避免图案过于花哨的领带，参加丧礼等严肃场合则宜选择黑色、深灰色、蓝黑色领带。

【社交礼仪全知道】

在夏天，天气炎热，西装外套不便穿着。这时候，西装背心就是不错的选择，它完全可以为你的权威感加分。

入乡随俗，尊重国外的商务礼俗

我国有句老话叫入乡随俗，意思是说当你到了一个地方，就要顺从当地的习俗，通常形容外乡人尊重、适应和主动融入当地的风俗文化。在如今多元化发展的现代社会，国际间的交流日益频繁。不同的国家、不同的民族都有其特定的礼仪，都应表现出充分的理解和尊重。

在西方人看来，不给他人添麻烦就是最好的礼仪和对他人的尊重。一般来讲，如果是在境外开展经贸类的洽谈活动，宾馆一般是由东道主安排，有时候东道主也会通过国内旅行社提前预定。国外酒店与国内的酒店不同，他们的硬件设施远不及国内。对于一些习惯住国内豪华酒店的商务人士来讲，对国外的酒店一般都不太适应。因为，国外的旅馆一般不供应开水，也没有暖水瓶，人们喝水就直接喝自来水。如果你有喝茶的习惯，就要事先自己备好烧水壶，并且准备好专门的插座，因为欧美国家的电源插头同我们国内的电源插头不是同一标准，在你出国之前最好在国内就把转换插座买好。国外有的酒店也不备拖鞋和洗发水，这些都需要你自己提前准备。

与外国人打交道，尤其是涉及对外贸易时，难免要进行涉外商务签字仪式。举行涉外商务签字仪式通常要考虑以下几个方面的礼仪问题：

1. 要布置好签字厅，并做好有关签字仪式的准备工作。在国内举行的签字仪式，必须在事先布置好的签字厅里举行，绝不可草率行事。

2. 要确定好签字人和参加签字仪式的人员，签字人由签字双方自行确定，但是他的身份必须与待签文件的性质相符，同时双方签字人的身份和职位应当大体相当。

3. 要安排好双方签字人的位置，并且议定签字仪式的程序。如，东道国签字人座位位于签字桌左侧，客方签字人的座位位于签字桌的右侧。双方的助签人员分别站立于各方签字人的外侧，其任务是翻揭待签文本，并向签字人指明签字处，双方其他参加签字仪式的人员则应分别按一定的顺序排列于各方签字人员之后。

4. 我方人员在外国参加签字仪式，应尊重该国举行签字仪式的传统习惯。有的国家可能会准备两张签字桌，有的国家可能要求参加签字仪式的人员坐在签字人对面，对此不必在意。关键是要不辱使命，对此我方人员不应忘记。

当你结束了繁琐的商务活动及其他活动，就可回到酒店放松休息了。在这期间也有一些细节需要注意：在酒店进出房间时门要轻开轻关，以免响声太大影响他人休息。在房间内收看电视的音量也要适当，以自己能听到并且不影响他人为宜。国外的电视频道一般是免费的，但也有一些频道的节目是需要你付费的，因此你需要提前问好，以免在你结账时产生分歧。因为你观看的节目产生的费用会计入房间的账单。

【社交礼仪全知道】

在国外的房费中一般都包括早餐，早餐通常都是自助餐。外国人在用餐时讲究吃多少拿多少，不要一次取餐太多，吃不下造成浪费。

涉外馈赠，尊重其所在国的礼仪

与中国人送礼不同，国外送礼有独特之处，比如，外国人在送礼及收礼时，都很少有谦卑之词。中国人在送礼时习惯说“礼不好，请笑纳”，但外国人认为这有遭贬之感；中国人习惯在受礼时说“受之有愧”等自谦语，而外国人认为这是无礼的行为，会使送礼者不愉快甚至难堪。所以，当接受宾朋的礼品时，绝大多数国家的人是用双手接过礼品，并向对方致谢。

送礼花费不大，礼品不必太贵重。太贵重的礼物送人不妥当，易引起“重礼之下，必有所求”的猜测。一般可送点纪念品、鲜花或给对方孩子买件称心的小玩具。

外国人送礼十分讲究外包装的精美。

送礼一定要公开大方。把礼品不声不响地丢在某个角落然后离开是不可取的做法。

西方人喜欢在收到礼品后立即打开，并说出感谢的话，以示对送礼人的尊重，你不用介意他是否真正喜欢。

拒绝收礼一般是不允许的。若因故拒绝，态度应委婉而坚决。

部分国家送礼礼仪：

1. 美国人送礼礼仪

可“以玩代礼”，邀请对方共度良宵就可算作送礼。当然也可送葡萄酒或烈性酒，高雅的名牌礼物他们很喜欢，尤其是尽量送一些具有浓厚乡土气息或别致精巧的工艺品，以满足美国人的猎奇心。送礼可在应酬前或结束时，不要在应酬中将礼物拿出来。送礼一般在晚上。有两种场合可通过赠礼来自然地表达祝贺和友情：一是每年的圣诞节期间；二是当你抵达和离开美国的时候。如果是工作关系可送些办公用品，也可选一些具有民族特色的精美工艺品。在美国，请客人吃顿饭，喝杯酒，或到别墅去共度周末，被视为较普遍的“赠礼”形式，你只要对此表示感谢即可，不必再作其他报答。去美国人家中做客一般不必备厚礼，带些小礼品如鲜花、美酒和工艺品即可，如果空手赴宴，则表示你将回请。

2. 英国人送礼礼仪

给英国人送礼要轻，可送些鲜花、小工艺品、巧克力或名酒，但对印有客人所属公司标记的礼品不大欣赏。

3. 德国人送礼礼仪

德国人喜欢价格适中、典雅别致的礼物，包装一定要尽善尽美。

4. 法国人送礼礼仪

法国人最讨厌初次见面就送礼，一般可在第二次见面时才送，礼品常是几枝不加捆扎的鲜花。

5. 日本人送礼礼仪

送礼是日本人的一大喜好，他们比较注重牌子，喜欢名牌礼物和礼品的包装，但不一定要贵重礼品。送礼通常送对其本人用途不大的物品为宜。送礼者不要在礼物上刻字作画，因他还要将此礼品继续送出去。日本人将送礼看作是向对方表示心意的物质体现。礼不在厚，赠送得当便会给对方留下深刻印象。给日本人送礼品要选择适当，中国的文房四宝、名人字画、工艺品等最受欢迎，但字画的尺寸不宜过大。所送礼品的包装不能草率，哪怕是一盒茶叶也应精心包装。中国人送礼成双，日本人则避偶就奇，通常用1、3、5、7等奇数，但又忌讳其中的“9”，因为在日语中“9”的读音与“苦”相同。按日本习俗，向个人赠礼须在私下进行，不宜当众送出。

6. 韩国人送礼礼仪

韩国人喜欢本地出产的东西，故你在送礼时只需备一份本国、本民族、本地区的特产为好。

7. 阿拉伯人送礼礼仪

阿拉伯人喜欢赠贵重物品，也喜欢得到贵重物品，喜欢名牌和多姿多彩的礼物，不喜欢纯实用性的东西。初次见面不能送礼给他们，不能送旧物品和酒。在阿拉伯国家中国的工艺品很受欢迎，造型生动的木雕或石雕动物，古香古色的瓷瓶、织锦或香木扇，绘有山水花鸟的中国画和唐三彩，都是馈赠的佳品。向阿拉伯人送礼要尊重其民族和宗教习俗，不要送古代仕女图，因为阿拉伯人不愿让女子的形象在厅堂高悬；向女士赠礼，一定要通过她们的丈夫或父亲，赠饰品给女士更是大忌。

8. 新西兰人送礼礼仪

受基督教、天主教的影响，新西兰人讨厌“13”与“星期五”。如果有一天既是13日又是星期五，那么新西兰人不论干什么事都会提心吊胆。对于在这一天外出赴宴、跳舞、观剧之类的邀请，他们则能推就推，因此不要在这些日子送礼。

商务馈赠要点：

1. 具有中国特色的景泰蓝和中国结，很受外商的青睐。

2. 公司的纪念印章，对于项目合作方来说，是份很好的纪念物。

3. 从韩国旅游带回来的银餐具，送给老板恰到好处。

4. 脸谱书签让酷爱京剧和读书的客户爱不释手。

【社交礼仪全知道】

其他国家，如朝鲜人喜欢送花，斯里兰卡人喜欢赠茶，澳大利亚、新加坡人喜欢鲜花与美酒。一般外国人喜欢中国的景泰蓝、刺绣品等。

舞会 Party，必备的礼节要掌握

舞会是一种既有娱乐性又有很强的社交性的外来文化。舞会主办者所请的宾客，往往是一些和主人事务相关联的人物。尤其公司企业主办的舞会，大都是为了开辟一个纯粹的社交场合，为解决与自己工作相关事项而提供的一个有效的平台，便于业务工作的顺利开展。而参加这种舞会有很多事项需要注意。

1. 舞会基础礼节

了解被邀者的背景材料，清楚举办一次舞会的目的是至关重要的。在舞会上遇到熟人要点头示意或者握手，但注意声音不要过大，以免影响他人。

男士在音乐响起后，要去主动邀请女伴。走到女士面前，微微鞠躬，请她跳舞。舞毕表示谢意后，应把女伴送回座位。若有

女士陪同你前往，先把她介绍给女主人，并请她跳第一支和最后一支曲子。如果有人把一位女伴介绍给你，你就必须请她与你跳一次舞。

在有正式节目单的舞会上，你也可以事先与某人约好共跳某支曲子。舞会上，女士一般不要轻易拒绝男士的邀请，礼貌而有气质地邀请男士跳舞也是可以的。

参加舞会应讲究个人卫生，头发、口腔、手等各个部位都应当保持清洁，身体有汗味儿，会引起舞伴的反感。跳舞过程中，最好不要戴帽子、吸烟、吃东西、哼歌曲。共舞双方应保持适当距离，既不要太贴近，也不要过分疏远。要将目光越过对方肩部射向斜前方，表现出平和的心境，盯视对方是不礼貌的。跳舞过程中要从容不迫，切勿突出自我。

2. 舞会组织者的准备

举办舞会的时间最好在晚上7点以后至11点以前，一般以不超过3小时为宜，否则将影响休息和工作。舞场的选择应当视舞会的规模和人数来确定。邀请的男女客人数量应大体相等。

被邀请的对象一经确定，就应发出请帖。请帖一般应提前一个星期发出，以便于客人及早做出安排或回复。

舞会的音乐伴奏十分重要，节奏明快、旋律优美的音乐，会使人心旷神怡，怡然自得。因此，舞会最好请一个乐队伴奏。如果条件有限，也可以用音响代替。音响效果的好坏对舞会的成功与否有着直接的影响。如果使用音响，最好选一些文明高雅适合跳不同舞步的舞曲。舞会进行到一定时候，还可以请朋友中会唱歌的伴唱，激发大家的兴趣。

舞会场所除了应有一个足够被邀请者跳舞的舞池以外，还应有衣帽间、饮料室和停车场。舞场应宽敞明亮，适当加以装饰，灯光要柔和。

3. 参加舞会者的准备

（1）容貌

参加舞会，容貌必须整洁干净，头发要梳理得整整齐齐，口腔、手等部位都应清洁，最好事前刷一次牙、洗一次澡，避免口中有异味、身上有汗味，有胡子的男性要修修胡子。参加舞会不要吃带有强烈刺激气味的食品，这是对对方不尊重的表现。

（2）服装

参加舞会，衣着穿戴要整齐、美观、大方、清洁，参加舞会的服饰要尽可能和环境融成一体，过于灰暗的服饰，与舞会的气氛不大协调，应以红、橙、黄等暖色为主调，辅以浅蓝、淡绿等色彩。女士服装既要美观醒目，又要结合自身条件，显得和谐自然和落落大方，以漂亮、鲜艳、飘逸、轻便为宜。男士的最佳舞会服装当推西装，笔挺的衣料，再配上合适的领结、黑亮的皮鞋，给人一种充满活力的印象。

4. 舞会着装要求

如果是客户在家里举办的小型生日Party等活动，要选择与舞会的氛围协调一致的服装，女士则最好穿便于舞动的裙装或穿旗袍，搭配色彩协调的高跟皮鞋。

作为男士，一定要头发干净，衣着整洁。一般的舞会可以穿深色西装，如果是夏季，可以穿淡色的衬衣，打领带，最好穿长袖衬衣。

如果应邀参加的是大型正规的舞会，或者有外宾参加，请柬上则会注明：请着礼服。接到这样的请柬一定要提早做准备，女士在正式场合要穿晚礼服。晚礼服源自法国，法语是“袒胸露背”的意思。有条件经常参加盛大晚会的女士应该准备晚礼服，偶尔用一次的可以向婚纱店租借。近年也有穿旗袍改良的晚礼服，既有中国的民族特色，又端庄典雅，适合中国女性的气质。

小手袋是晚礼服的必须配饰。小手袋的装饰作用非常重要，缎子或丝绸做的小手袋必不可少。

穿着晚礼服一定要佩戴首饰。露肤的晚礼服一定要佩戴成套的首饰，如项链、耳环和手镯。晚礼服是盛装，因此最好要佩戴贵重的珠宝首饰，在灯光的照耀下，首饰的闪光会为你增添光彩。

男士的礼服一般是黑色的燕尾服，黑色的漆皮鞋。正式的场合也需戴白色的手套。男士的头发一定要清洁。因为跳舞时两人的距离较近，要保持口腔卫生，最好用口腔清新剂。

5. 邀舞

交谊舞广泛流行于世界各国，它既体现着人们的活力、青春和朝气，又是一种很好的社交方式。参加交谊舞会，在向别人邀舞时，必须注意以下礼节：

在舞会上，一般都是男士邀请女士跳舞。在关系很好、很熟的情况下，也可以女士邀请男士。如果是女士邀请男士，男士一般不得拒绝。

男士如有意邀请一位素不相识的女士跳舞时，必须先认真观察她是否已有男友伴舞；如有，一般不宜前去邀请，以免发生误会。

邀请时，男士应步履庄重地走到女士面前，弯腰鞠躬，同时轻声微笑说："想请你跳个舞，可以吗？"弯腰以15°左右为宜。

在正常的情况下，两个女性可以同舞，这意味着她们在现场没有舞伴。但两个男性却不能同舞，因为这样意味着他们不愿意向在场的女士邀舞，这是对女性的不尊重。所以，只有当两位女士已在跳舞池内起舞时，两位男士才可采取同舞的方式，追随到她们身边，然后共同向她们邀舞，再分别组成新的两对舞伴。

在邀请别人跳舞时，邀请者的表情应自然、谦恭、有修养，不要紧张做作，更不能举止粗俗。如果叼着香烟去请人跳舞，会被女士拒绝，也会影响舞会的良好气氛。

男士邀请女士跳舞，如果女士不想跳，不能勉强。不论男士或女士，一个人单独坐在远离人群的地方，别人就不要去打扰。如果坐在一群人中间，则可以走过去邀请对方跳舞。

邀请舞伴，要观察一下对方的情况，不要几个人同时抢邀一个舞伴，更不能为邀舞伴而发生争吵，在舞会上争夺舞伴是十分不礼貌的。

在朋友相聚的舞会上，男士应避免全场只同一个女子跳舞。男士如果仅仅和妻子跳舞也是不礼貌的。

在家庭舞会中，第一场舞应由主人夫妇、主宾夫妇共舞，如果夫人不跳，也可由已成年的女儿代之。第二场舞应由男主人与主宾夫人、女主人与男主宾共舞。舞会上，男主人应陪无舞伴的女宾跳舞或为她们介绍舞伴，并要照顾其他的客人。男宾应轮流邀请其他女宾，而其他男宾则应争取先邀女主人共舞，其次是女贵宾，再次是女主人家庭的女亲属。

6. 拒绝邀舞

参加舞会，邀请者固然应当彬彬有礼，但受邀者也应当落落大方，彼此都应表现出良好的思想修养和高雅的文化素质。如果决定拒绝别人的邀请时，则要注意礼貌待人。

一般情况下，女士最好不要拒绝别人的邀舞，如果决定谢绝，则应说“对不起，我想休息一下”或者说“真对不起，我不会跳舞”，以此求得对方的谅解。

如果女士已经答应和别人跳这一场舞了，则应向前来邀请者表示歉意：“对不起，已经有人邀我了，等下一曲吧。”

已经婉言谢绝别人的邀请后，在一曲未终了时，女士不应同别的男士共舞，否则会被认为是对前一位邀请者的蔑视，是很不礼貌的表现。

如果同时有两位男士邀请一位女士跳舞，女士最好是礼貌地谢绝。如果已接受其中一位的邀请，对另一位则应表示歉意，礼貌地说：“对不起，请等下一曲吧。”

当女士已经拒绝一次男士的邀请后，如果这位男士再次前来邀请，在确定无特殊的情况下，不应再次拒绝，女方应愉快接受邀请。

如果自带舞伴，两个人多跳几场当然可以，但如果别人来请，不能一概拒绝，更不能说一些不礼貌的话。

如果夫妇二人同去参加舞会，跳过一曲后，有人前来邀请夫人，先生应按礼节促请夫人接受，决不能代夫人回绝对方，这也是有失礼节的表现。

7. 舞姿风度

跳舞的风度，主要是指人在跳舞时的姿态和表情。姿态是人的外在动作，表情则是其内在的感情。在舞会上，怎样做才算是有风度呢？

舞姿要端正、大方和活泼，整个身体应始终保持平、正、直、稳，保持好重心，身体不要摇晃。跳舞时，男女双方都应面带微笑，说话要和气，声音要轻细，不要旁若无人地大声谈笑。

神情、姿态要轻盈自若，给人以欢乐感。表情应谦和悦目，动作要协调舒展，男士不要强拉硬拽，女士不挂、扑、靠、扭。

跳舞时，男方的右手应手心向下向外，用大拇指的背面轻轻将女方挽住，而不应用右手手掌心紧贴女方腰部，左手使左臂以弧形向上与肩部成水平线举起，掌心向上，拇指平腰，只将女伴的右掌轻轻托住。女方的左手应轻轻地放在男士的右肩上，右手轻轻地搭在男士的左手上。跳舞行进中，双方握得或搂得过紧，都是有失风度的。

跳舞时，双方的身体应保持一定的距离。跳四步舞时，舞步可稍大些，表现出庄重、典雅和明快的姿态；跳三步舞时，双方应保持一定的距离，让身躯略微昂起向后，使旋转时重心适当，表现出热情、舒展、轻快和流畅的情绪与节奏；跳探戈舞时，随着乐曲中切分音所含节拍的弹性跳跃，男女双方的舞姿与步法变化较多，舞步可稍大些；跳伦巴舞时，男女双方可随着音乐节奏轻轻扭动腿部及脚踝，臀部不应大幅度地摆动。

8. 如何避免舞会尴尬

跳舞是一项精彩的娱乐活动，当你和舞伴配合默契随着音乐翩翩起舞时，你会感受到一种因和谐而产生的愉悦。当你以娴熟的舞步、优雅的举止赢得一批新朋友时，跳舞又成了一项有益的社交活动。舞蹈礼仪就如我们日常生活礼仪一样，让所有行为规范系统化，建立令人愉快的气氛，快乐地享受跳舞的乐趣，避免在舞蹈中不经意造成伤害，或侵犯到别人。

社交舞中最优先考虑的基本原则是安全及其他舞伴者的方便，以下几个规则可以帮助我们避免在舞会中发生尴尬：

第一，参加舞会时，所有的男士、女士都必须穿着整洁得体。灯芯绒或格子呢的、肘部打补丁的休闲西装不宜出现在十分正规的舞会上。即使是夏天，男士也得穿长裤去参加舞会，穿西装短裤、沙滩裤去跳舞是不礼貌的。

第二，不管舞会是否正式，都应穿舞鞋，别穿运动鞋或任何胶底鞋，因为它们会紧附在地板上，当你做旋转动作时会导致膝盖受伤。

第三，如果参加“迪斯科专场”舞会，装扮就不必受以上约束。T恤、牛仔裤、超短裙、运动鞋都可以穿，人们只求在扭摆中宣泄得酣畅淋漓，领带、高跟鞋反倒成了累赘。

第四，避免穿无袖或吊带的衣服，尤其在较活跃的舞中，因为触摸到舞伴湿漉漉的肌肤并不是件愉悦的事。

第五，女士的配件如大耳环、手表、胸针、长项链、大皮带头，在舞池中都是危险物品，它们都可能勾到舞伴的衣服或刮伤、碰肿，这都是麻烦的事。

第六，袖口低于腋窝的衣着并不适宜，尤其拉丁舞中男士常扶着女士的背部，一不小心就会抓到宽松的衣袖。

第七，女士长发应往上盘好，或梳理服帖，否则在转圈时头发甩到男士的脸可不好玩。

第八，一般由男士带领女士跳舞，女士应密切配合。无论舞步娴熟与否，男士应带领舞伴与舞场中其他人的舞蹈方向保持一致，一般按逆时针方向绕行，而不要在舞场中横冲直撞。跳舞时不小心踩了对方的脚，应马上说“对不起”。

【社交礼仪全知道】

跳舞时，男士不要因为紧张而把舞伴搂得太近，或把舞伴的手握得太牢，这样容易引起误会。女士也要放轻松，不要把全身的分量都压在舞伴身上。如果女士发现舞伴故意搂紧自己，或某支舞曲放个没完没了，使自己很不耐烦，女士可以不失礼貌地说：“我累了，想回座位上去。”

拥抱的学问：这样抱更好

礼仪的精神首先是为别人着想，当一个外宾拥抱你的时候，最不失礼的办法就是接受。当你要向别人行拥抱礼之前，事先要了解对方是否有此习俗，并做好相应准备。

正确行拥抱礼的要领应当是：两人相对而立，上身稍微前倾，左臂偏下，右臂偏上，左手环拥对方右腰部位，右手环拥对方左肩部位，彼此头部及上身向一侧，相互拥抱。首先各向对方左侧拥抱，再向对方右侧拥抱，最后再一次各向对方左侧拥抱。

通常来讲，正式的拥抱需要三个回合。

在拉美大部分国家，比如墨西哥，可能会遇到热烈的拥抱，即二人紧紧拥抱，在对方肩背上热情地拍打。但在哥伦比亚和阿根廷等国家，拥抱就同握手一样普遍，人们见面时拥抱，分手时也拥抱。在欧洲的一些国家，如意大利、西班牙、希腊等，人们也行使这种拥抱礼节。商务交往中第一次见面多以握手表示，但第二次见面时迎接的礼节很可能是拥抱。在俄罗斯，男性好友见面先紧紧握手，然后紧紧拥抱。在我国，除了外事活动所需，普通的社交场合一般不拥抱。因为除了北美人，部分欧洲人、东方人即大部分亚洲人，没有见面拥抱的习惯，而是觉得拥抱令人有些尴尬。

第十章

面对突发事件：别让不懂礼仪害了你

无论在职场还是在商界，只要有人在的地方就有社交，就有可能遇到“突发”事件，比如别人对你的刁难、指责、讥讽，甚至是嘲笑、无理取闹。无论是活动的主持人，还是职场新人，都可能面临不同程度的棘手问题。因此，对突发事件的处理，更能显示出一个人的修养和内涵。

面对窘境困惑，巧用自嘲解尴尬

揭短，就是指将别人的短处或缺点、缺陷等不为人知的秘密或囧事揭露出来，公之于众。在现实生活中，无论是工作还是日常生活，或是在社交场合，每个人都难免遇到类似的尴尬事。当别人揭了你的短，你立马会陷入窘境。那么，我们应该如何应对呢？

你正在兴致勃勃地向你的朋友讲述你怎样从池塘里钓上两条大鱼，你的妻子却在一旁插话说：“听他的？他钓了两天，一条小鱼儿的影子都没见着！那鱼是花钱买的！”

你正在和新结识的女友吹嘘：“我最近上了一个戏，这是我头一次独立执导，故事非常精彩，上演后一定会轰动。”旁边却走过来一个朋友：“嘿，不怕西北风煽了舌头！姑娘，别听他瞎编，他哪是什么导演，只是个场记而已！”

你正在帮领导修理电视机：“原因可能在天线，也可能是显像管出了毛病……”这时，你的亲戚走过来：“嗨，他只会拆零件。前天我那台彩电，没修前能看两个频道，让他一修，只能看一个频道了!”

妻子、朋友、亲戚，有时会开玩笑似的揭你的“短”，弄得你有点下不来台。你想默认又觉得窝囊，想还口又觉口吃。怎样才能从困境中摆脱出来呢？不妨运用幽默的语言、滑稽的表情和笑料来冲淡这尴尬的处境，活跃一下气氛吧。

你可以接着妻子的话说："不错，我往池塘里扔了5元钱，那两条鱼就自动跑进我的网兜里了！"

你也可以接着朋友的话说："场记怎么了？导演都得先干场记，不信你去问问黑泽明！"

你可以说："每个电视机有不同的毛病，修不好你的，不见得修不好他的！"

显然，设法改变处境比保持沉默要主动，但有一点应明确：那些"揭短"的人通常是你的配偶、亲友，你不能采用气愤的话予以还击，而幽默的解嘲是最好的办法。

在对付"揭短"时，尤其要注意：

1. 尽量不怀疑他人别有用心

如果我们神经过敏，对别人的每一句话都琢磨一番潜台词、话外音，那就会自寻烦恼。因为在许多场合，对方往往是脱口而出或即兴联想的玩笑话，根本没想到会伤害你。不知者不为过，我们何必胡乱猜疑呢？

2. 不可反唇相讥

有人听不得半句"重话"，动辄连珠炮似的反讥，常因此挑起唇枪舌剑，使良好的关系破裂。一般说来，开玩笑的人若是得到严肃的回报，脸上常挂不住。所以，我们不能为笑话失去一个朋友，甚至给人留下心胸狭窄的印象。

3. 泰然处之

遇到人"揭短"，如果羞怯万状，既不能正常地保持沉默，又不能机智地改变处境，以致失态，那就显得有些小器了。而保持泰然自若的风度，暂时把"揭短"抛置一边，寻找别的话题，或点起一支烟，端起一杯茶，转移到别人的视线等，才是上策。

4. 幽默的回敬

对付他人“揭短”的最佳方案是急中生智和幽默。一位作家刚发表一篇小说，赞誉之声鹊起。另一位作家却不以为然，跑去问他：“这本书还不赖，是谁替你写的？”他答道：“哦，谢谢你的称赞，不过，是谁替你把它读完的？”幽默的回敬，对“揭短”者也是一种应付之道。

总而言之，多一些朋友总比四面树敌要好，因为任何一个人都可能成为敌人也可能成为朋友。把潜在的对手转化为朋友，才是最好的办法。打人不打脸，骂人不揭短。尽管现代社会言论自由，人们同样也有忌讳心理，都有自己与人交往所不能提及的“禁区”。

我们常说的瘸子面前不说短、胖子面前不提肥、“东施”面前不言丑一样，对让人失意之事应尽量地避而不谈。避讳不仅是处理人际关系的技巧问题，更是对待朋友的态度问题。尊重他人就是尊重自己。为自己留口德，就是避免了“祸从口出”。

【社交礼仪全知道】

人人都有各自不同的成长经历，也许是隐藏在内心深处不堪回首的经历，这些都是他们不愿提及的“疮疤”，是他们在社交场合极力隐藏和回避的问题。被击中痛处，对任何人来说，都不是一件令人愉快的事。尤其是他人身上的缺陷，千万不能用侮辱性的言语加以攻击。

面对矛盾问题，化干戈为玉帛

生活在世上，每天都要与人交往，这就难免会因这样那样的问题处理不当，或意见出现分歧等而出现矛盾。无论是家人、爱人，还是朋友或陌生人，不管是与谁之间出现矛盾，都需要我们积极去解决。

有的时候，人们为了在事业和竞争中为了取胜，在特定情况下公开承认自己的短处，有意暴露自己某些方面的弱点，就能很好地化解矛盾。其实，这种做法往往是一种有益的社交之道。

事业上的成功者，生活中的幸运儿，被人嫉妒是客观存在的。既然有嫉妒就会有矛盾。那么，在这时巧妙地示弱可以减少乃至消除不满、嫉妒，从而化解矛盾。

假如你在事业上已处于有利地位，获得了一定成功。在其他方面，即使完全有条件和别人竞争，也要尽量回避退让。也就是说，事业之外，平时对小名小利应淡薄疏远些，因为你的成功已经成了某些人嫉妒的目标，不可再为一点微利惹火烧身，应当分出一部分名利给那些暂时的弱者。

示弱是强者在感情上体贴暂时在某些方面处于劣势的弱者的一种有效的化解矛盾的手段。它能使你身边不如你的人有所慰藉，心理上得到平衡，从而减少或抵消你前进路上可能产生的不利因素和冲突矛盾。

美国第七任总统安德鲁·杰克逊（1767—1845），曾经和一个叫本顿的人进行决斗。本顿一枪击中了杰克逊的左臂，子弹一直留在里面。20年后，到1832年医生取出子弹的时候，本顿已经成了杰克逊的热情支持者。杰克逊建议将子弹归还本顿，但本顿谢绝接受，说20年的保管期按照美国法律的规定，遗失物或被抛弃物的追索时间为20年，已使产权发生了转移，子弹的所有权当属杰克逊了。而杰克逊说距离上次决斗才19年，产权关系没有发生变化。本顿回答说：“鉴于你对子弹的特别照管，并且一直随身携带，因此，我可以放弃这一年。”

我们从安德鲁·杰克逊和本顿的交谈中，发现两人其实都没有把20年前的决斗放在心上，这也使我们更容易理解他们决斗之后的20年中，为什么彼此成为了支持者和被支持者。

人和人之间的交往难免会有些旧怨出现，这些旧怨可能会造成不愉快的人际关系，该怎么去解决这个问题，上面的例子提供了一个很好的办法。

宽恕就是给别人机会，当然，也是给自己机会。“化干戈为玉帛”是化解矛盾的最佳方式，非常重要。生活在社会中，必然有矛盾和烦恼，如夫妻、邻里、同事间不和谐，均会使人出现负面情绪，甚至产生仇恨。在被别人曲解和伤害时，本能的反应就是报复。然而，报复虽然发泄了怒气，减少心中的负荷而痛快一时，但会激化矛盾。因此，在生活和工作中要避免进入困境，最明智的选择就是宽容，做到宽容大度，摒弃前嫌，化干戈为玉帛。

要勇于面对问题，解决问题，不能逃避，老死不相往来。将有办法解决的问题及无法解决的问题分别列出。有办法解决的问题全力以赴去解决，无法解决的问题先寻求支持，精诚所至，金石为开，凡事尽力而为必能得到对方的谅解与支持。

【社交礼仪全知道】

每个人都有优缺点，每个人也都有虚荣心，人无完人。尽量不要轻易指责或批评别人，否则就会引起不必要的麻烦和纷争。无论一个人的出身、地位、权势、风度多么傲人，也会有人居于其上，无论一个人多么平凡，也都有其独特之处。因此，宽容，是化解矛盾的法宝。

面对讥讽指责，微微一笑很沉着

现实生活中，人们难免会遭遇讥讽、指责，甚至谩骂。当出现这些情况时，多数人会表现出极大的愤慨，甚至反唇相讥或做出冲动之举。不仅没能很好的解决问题，还会激化矛盾。正确的做法其实就是微微一笑，沉着应对。

讥讽，在交际性语言中是一种有较强刺激作用和感情色彩的表达方式。在交际场合，人身攻击之类的不愉快事件是难免的，如果你不想吃哑巴亏，讽刺将成为你防身的盾牌。

讽刺性谈吐具有含蓄、幽默、风趣、辛辣的特点，是一种“攻击式”语言。它通过比喻、夸张、反语等修辞手法，来表达说者的轻蔑、贬斥、否定的思想感情，能收到揭露丑恶、戏弄无知、回击挑衅等交际效果。

“九·一三”事件之后，在联合国安理会的一次辩论中，苏联代表马立克借此事贬低我国，他说：“中国那么好，为什么林彪要往苏联跑呢？”中国代表镇静地回答：“尊敬的先生，您连这一点常识都不懂，鲜花虽香，苍蝇不照样往厕所飞吗？”

反唇相讥必须藏中有露，露中有藏，尽藏则不知所云，尽露则赤膊上阵了。

萧伯纳的《卖花女》准备上演了，他派人给丘吉尔送去两张票，并附一张短笺：“亲爱的温斯顿爵士，奉上戏票两张，希望阁下能带一位朋友前来观看拙作《卖花女》的首场演出，假如阁下这样的人也会有朋友的话。”

丘吉尔作复道：

“亲爱的萧伯纳先生，蒙赐戏票两张，谢谢。我和我的朋友因为有约在先，不便分身前去观赏《卖花女》的首场演出，但是我们一定会前去观赏第二场演出——假如你的戏也会有第二场的话。”

一个嘲讽政治家只有对手，没有朋友；一个反讥戏剧家作品可能短命，不会长寿。讥中含趣，乐中有嬉。

当然，讽刺要掌握分寸。讽刺之言是不宜随意使用的，需要区别对象、场合。

讽讥之言就其动机来说，有善意与恶意之分。对敌人的讽刺要针锋相对，不留情面；而对一般人的讽刺，则应是善意的。通过讽刺之言，意在引起对方警觉，绝不是出对方的洋相，拿对方取乐。

更不要以为自己会讽刺，就到处挑战，稍不如意，就对别人挖苦讥笑，恶语中伤。这样不但伤害了别人的感情，而且也使自己孤立，或成为众矢之的。

要记住，讽刺像一把双刃剑，它可以使你受益，也可以使你受损。用得恰当，它是利器，用之不当，便会成为“惹事牌”。

除了巧妙地应对别人的讽刺，我们还要经常面对他人的指责。这时，我们该如何面对呢？

麦金莱任美国总统时，因一项人事调动而遭到许多议员政客的强烈指责。在接受代表质询时，一位国会议员脾气暴躁、粗声粗气地给总统一顿难堪的讥骂。但麦金莱却若无其事地一声不吭，听凭这位议员大放厥词，然后用极其委婉的口气说：“你现在怒气该消了吧？照理你是没有权利责问我的，但现在我仍愿意详细解释给你听……”说罢，那位气势汹汹的议员只得羞愧地低下了头。

的确，在生活中，遭到别人的指责和抱怨的事常可碰到。为摆脱指责的尴尬局面，不妨采纳心理学家提出的以下建议：

1. 保持冷静

被人指责总是不愉快的，面对使你十分难堪的指责时，要保持冷静，最好暂时能忍耐住，并做出乐于倾听的姿态，不管你是否赞同，都要待听完后再作分辩。因对方的一两句刺耳的话，就按捺不住，激动起来，硬碰硬，不仅解决不了问题，还容易将问题搞僵，将主动变为被动。

2. 让对方亮明观点

有些指责者在指责别人时，往往似是而非，含糊其词，结果使人不知所云。这时，你可向对方提出讲清问题的要求，态度要和气，如“你说我蠢，我究竟蠢在哪里”或者“我到底干了什么傻事”，以便搞清对方究竟指责和抱怨你什么，让对方及时亮明自己的观点和看法。这一策略往往能有效地制止指责者对你的攻击，并能将原来的攻防关系转变为彼此合作、互相尊重的关系，使双方把注意力转向共同感兴趣的问题。

3. 消除对方的怒气

受到指责，特别是在某件事上你确实有责任时，不妨认真倾听或表示同意对方对你的看法，不要计较对方的态度好坏，这样，指责完毕，气也消了一半。即使当你确信对方的指责纯属无稽之谈时，也要对其表示赞同，或者暂时认为对方的指责是可以理解的。这会使对方无力再对你进行攻击，相反，你却可以获得更多的机会和时间进行解释，从而消释对方的怒气，使隔膜、猜疑、埋怨和互不信任的坚冰得以化解。

4. 平静地给恶意中伤者以回击

也许，大多数指责者并不是出于恶意而指责别人的。但是，在现实生活中，有极少数人为了其个人目的而对他人进行恶意中伤的。对于这样的寻衅挑事者，应该坚定地表示自己的态度，不能迁就忍耐，更不能宽容而不予回击，但应注意态度，以柔克刚。这样，会使你显得更有气魄，更有力量。

【社交礼仪全知道】

遭人指责抱怨，是件极不愉快的事，有时会使人觉得很尴尬，尤其是在大庭广众面前受到指责，更是不堪忍受。但从提高一个人的处世修养角度讲，无论你遇到哪种情况的指责，都应该从容不迫，对者有则改之，错者加以耐心解释，泰然处之。

面对无礼要求，巧妙委婉拒绝

生活中、工作中，我们经常会面对别人的要求，有的甚至是无礼要求。那么，我们该如何巧妙地拒绝别人的无理要求呢？

1. 顾及对方颜面

拒绝别人后，若彼此还要想保持良好的人际关系，必须采用同情的语调和了解对方心情的姿态来处理。

有一位做事认真、年轻有为的男职员，由于曾在某次交易中给对方科长留下了极佳的印象，这位科长十分欣赏他并且热心地帮他牵红线，他则非常有技巧地拒绝了他："这件事情（有关做媒一事），我恐怕要让你失望了，实在很抱歉！因为，虽然我也认为，一个男人是非结婚不可的，但在事前，我就坚定地告诉自己：'不论何人说亲，对象是谁，在自己还没奠定经济基础之前，我是绝不轻易结婚的。'"

"现今的我，实在还谈不上结婚的条件，因为我的事业尚未有所成就；我想，总要等到有经济基础了，再来谈结婚之事比较妥当。这完全出于我自身的考虑，问题绝非关系介绍对象的好坏，希望你能够谅解。我这番话，绝对不是只说给你一个人听的。"

有些人在拒绝对方时，因为感到不好意思，而不敢据实言明，致使对方摸不清自己的真正意思，而产生许多不必要的误会。其实，在人际关系的交往上，不得不拒绝，乃是常有的事，因此搞坏交情的并不多；倒是有些人说话语意暧昧、模棱两可，反而容易引起对方误会，甚至导致关系破裂。

2. 留给对方一个退路

有些人喜欢自以为是，坚持自己的意见，总以为只有自己的想法是最高明的。当你遇到这种人，想要拒绝时，一定要先好好考虑一番。

首先，你必须很有耐心地把对方的话仔细地听一遍。一个人在说话的时候，心里一定也留有一个空间来容纳对方所讲的话，当你完全听完对方的话后，心里应该有了打算，该怎样说服对方、拒绝对方，才是最巧妙而又不令对方难堪的方式。

3. 说“不”的几个诀窍

生活中，常有这样的场面：一个品行不端的熟人向你借钱，但你心里明白，把钱借给他后便成了肉包子打狗有去无回。一个熟悉的推销商向你推销一种你并不太需要的商品，或者照他的价格买下来还会吃亏。诸如此类的事你必定会加以拒绝，可是拒绝之后就会断了交情，被人误会，甚至种下仇恨的种子。怎么做才能避免这类情况发生呢？这就需要我们运用理智，巧妙地加以回绝。

如果是向有权威的人士表示反对或拒绝，你一定要有充分的理由，还要注意表达技巧。以下几点建议，或许会使你受益于尴尬之时，恰到好处地拒绝别人。

尽可能以最为友好、最热情的方式加以拒绝。比如别人邀请你参加一项活动，而你实在没空，就可以这样说：“对你的邀请我感到万分荣幸。”然后讲出不能趋身前往的理由，别人就不会有太多的不快了。

不要只针对方一个人。假设你是供销科长，面对其他厂的推销员上门推销原料，而你厂已不需要，你若直接回绝就会给今后的合作带来不利。你可以这样对别人说：“我们厂已与××厂签订了长期供应合同，厂里规定暂不用其他厂的原料。我也应按照规定办。”因为你讲的是任何单位，就不仅仅针对对方一个人了，他也不会埋怨你的。

让对方明白你是赞同的。既要赞同对方的想法，又表明自己实在无能为力。让对方再也提不出要求。

【社交礼仪全知道】

在你拒绝别人的时候，一定要附带考虑到对方可能产生的想法，尽量明快而率直地说明实情，这才是最根本的拒绝法。

修心小指南：瞬间平息怒气之法

人生在世，难免会遇到看不惯的人和事，甚至遇到令人非常气愤的事情。很多人脾气不好，容易冲动，更易在大怒之下做出冲动之举。其实，无论发生什么事，都不应该生气。心平气和才能把事做好。我国也有句老话：“气大伤身后悔难。”也有人说，生气是拿别人的错误惩罚自己。想要瞬间平息怒气，你只需记住这个原则即可：真正爱你的人不会惹你生气，惹你生气的人根本不值得生气。